子どもと一緒に覚えたい

野菜の名前

Name of the vegetable

はじめに

あなたが知っている野菜は何ですか？
日頃から食卓に並ぶものですから、
キャベツ、レタス、サツマイモなど、たくさん浮かびますね。

でも、そのキャベツやレタスやサツマイモに、
どんな花が咲くか知っていますか？
それは多くの大人でさえ、あまり知りません。

私たちが普段、お店で見る野菜は、整った形でキレイに並べられ、
食べられるために、ビニール袋などに入れられて売られています。
でも、それはほんの一時的な彼らの姿です。

当たり前のことですが、野菜にも花が咲きます。
でも大抵の野菜は、花が咲く前の、まだ未熟な若い状態です。
他の草花と違って、食べることを前提に育てられ、
人間の手によって改良され、商品化されています。

でも植物にとって、もっとも輝ける時は、花を咲かせる時。
花が終わった後、実をつけ、タネを残す。
野菜も昔は野生の植物でした。
その名残を感じさせるのが、野菜としての食べ頃が過ぎた時です。

よく知っているはずの野菜達はみるみる違う姿に変身して、
色が変わったり、巨大化したり、花が咲いたり。
まったく似てない野菜同士が、まったく同じような花をつけたり、
逆に似ているように思えた野菜が、まったく違う花を咲かせたり、
その変化に驚くことでしょう。
野菜も植物だったんだ、と気づくはずです。

この本を読めば、少しだけ、野菜のことが分かるかもしれません。
そのお役に立てれば、幸いです。

目次

※本編内の「育てやすさ」の印は、♦の数が多いほど簡単という意味です。

スーパーマーケットで
売っている野菜も生きている

学生時代に、友人のゴミの山の中から、可憐な黄色い花が咲いているのを見かけたことがありました。一体何だろう？と思って、ゴミの中を覗いてみると、それは驚いたことに、古くなった残り物のハクサイでした。ハクサイが茎を伸ばして、ゴミの中で花を咲かせていたのです。スーパーマーケットで売っていた野菜がまだ生きていて、土もないのに花を咲かせたことを不思議に思いました。

よく考えてみれば、少し古くなったジャガイモから芽が出てくることは割と誰でも知っています。そのジャガイモはほっておけば、もっと芽が伸び、やがて茎が出て、花が咲きます。なのにハクサイに花が咲いたのは、とても意外なことに感じました。

ちなみにジャガイモの花がどんな花か知っていますか？　それはある野菜の花とそっくりです。そして、花が終わった後に、そこにできた実は、これまた意外な野菜の見た目にそっくりです。その実の中にはタネがあります。でもジャガイモそのものから芽が出たのに、イモはタネじゃなかったのか？　じゃ、その地上にできたタネは一体何だ？　と不思議に思うでしょう。そんな疑問が他にもたくさんあります。

野菜はとても複雑な境遇に置かれています。野菜は人間のパートナーとして、人間の手で育てられてきた植物です。動物で例えるなら、人間のペットとして生きる犬のようなものです。犬であれば噛みつかないよう、大人しい従順な個体が重宝され、品種改良が進み、人間の都合のいいようにしつけられます。結果として、犬が野生動物にはない特徴を身につけました。それと同じように、野菜もまた、人間が育てやすく、おいしく、食べやすいように、さまざまな変化を遂げています。それでも野生の部分は残っています。台所や冷蔵庫の中にある、その野菜が、一体どんな特徴があるのか。あなたの知らないことがあるかもしれません。

CABBAGE

Brassica oleracea var. capitata

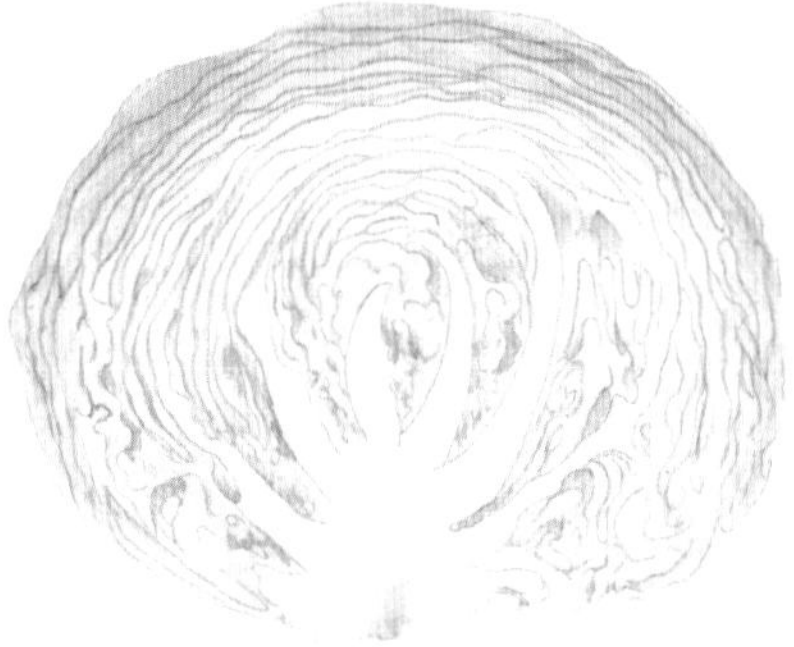

キャベツ［甘藍］

アブラナ科

育てやすさ ♦♦◇

キャベツの花はどこに咲く？

よく見慣れたキャベツ。
でも、植物として考えた時には、
ちょっと不思議だ。
植物である以上、花が咲き、タネができるが、
その丸く葉が重なり合う型の
一体どこから花は生えるのだろう。
よく考えてみれば、不思議な形だ。

原産地：ヨーロッパ
主な産地：群馬、愛知、千葉
旬：通年（春キャベツは3～5月）
育て方：日の当たる畑で、苗から育てる。害虫被害が多いので、防虫ネットをかけるか、こまめに虫を駆除する。
背丈：30～40㎝、生育適温：15～20℃
食べる部位：葉
別名：カンラン・タマナ
花言葉：利益

日本人が一番食べている葉物野菜

何にでも使いやすくて冷蔵庫に必ずある野菜の一つ。消費ランキングでも葉物野菜の中ではキャベツが一番だ。確かにキャベツは使い道が広い。野菜炒めやロールキャベツ、トンカツやフライの脇に、サラダ…と日本人は結構な頻度で生の千切りキャベツを食べている。でも生のキャベツを食べるのは他の国では珍しいことで、外国人的には生のキャベツはウサギのエサというイメージらしい。でも日本人の食べ方は理に適っている。キャベツには消化を促すジアスターゼや、胃腸を整えるビタミンUなどが入っていて、油っこいトンカツやフライに千切りキャベツがついているのはナイスな組み合せなのだ。

キャベツの葉はどうして丸まるのか？

キャベツはギュッと葉が丸まっている。千切りする際には便利だが、生キャベツを食べないヨーロッパ生まれのキャベツを、千切りしやすくするために品種改良したとは考えづらい。ではどうしてキャベツは丸くなるのか。その前に、まず葉が生える元の茎は一体どこにあるのか？ キャベツを半分に切ってみると、丸まった葉の中に太い芯がある。これがキャベツの茎だ。そこから葉が1枚ずつ生える訳だが、最初の葉が伸びる速度に対して、茎は短いままあまり伸びないため、葉はだんだん内向

葉

1枚ずつの葉は丸く大きい。日光をたくさん浴びた外の葉ほど緑が濃く、硬い。

タネ

花が咲き終わると、細長いサヤができる。そのサヤの中に写真のようなタネが数個できる。

花

4〜6月。アブラナ科特有の十字形の黄色い花をつける。菜の花より淡い黄白色。

きに生えるしかない。しかも外側の葉は日光を浴びてさらに大きく育ち、横に広がることのできない丸い葉は内側に少しずつ倒れて、最終的に丸まっていく。ただこの形が運搬や保管に都合がよく、葉も柔らかくておいしいため、現在のようなしっかり丸まるキャベツが選ばれて残っていった。

キャベツの花を見てみれば、何かに似ている

葉が丸まっているキャベツを、そのまま植えっぱなしで放置すると、今度はまた徐々に葉がほどけて開き、真ん中の茎から黄色い花が生えてくる。その姿はまるで菜の花のようだ。キャベツはカブや大根、ブロッコリー、小松菜、白菜などと同じアブラナ科。みんな四枚の花が十字のように咲く。あんなに野菜の姿・形が違っても、花はどれも似ているというのも不思議なものだ。

畑の様子

季節や気候により栽培方法や品種、地域を変えて一年中栽培される。旬は5〜9月。

実り方

苗のうちは外へ葉を広げ、やがて葉が立ちはじめると、後で生えた葉は球状にまき始める。

キャベツで実験してみよう

キャベツを再生させる

ニンジンなどは、よく切り落としたヘタの部分を水につけると葉が生えるが、キャベツも同じようにできる。芯を水につけておくと葉が生え、鉢などに植えて育てると丸いキャベツになったり、花が咲いたりする。

@ayaco_halu

キャベツに似た植物

【芽キャベツ】

キャベツの仲間で、小さなキャベツが茎にビッシリ生える。味も似ているが、生で食べるのには向かない。

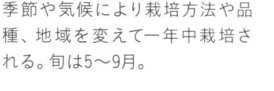

ONION

Allium cepa

タマネギ［玉葱］

ヒガンバナ科

育てやすさ ♦♦♦

相手を泣かせる野菜

タマネギを切ると、涙が出る。
ごく普通に当たり前の事実だが、
よく考えてみれば、結構すごい話だ。
少し切ったくらいで涙が出るなんて、
防犯に使われる催涙スプレー並みの威力を
まな板の上で発揮していることになる。

原産地：中央アジア
主な産地：北海道、佐賀、兵庫
旬：3～5月
育て方：日当たりの良い場所で苗から育てる。植え付けは晩秋から初冬。
背丈：50～60㎝、生育適温：15～20℃
食べる部位：葉（鱗茎）
別名：タマブキ
花言葉：不死、永遠

タマネギは、どの部分なのか？

何層にも重なったタマネギ。丸いから「実」と思う人もいるかもしれない。が、実ではない。花の後にできて中にタネがあるのが実だ。じゃ、地面に埋まっているのだから根だと思えば、そうでもない。タマネギの根っこはタマネギのさらに下にチョロっと生えている部分。では茎かといえば、それも違う。タマネギの一番下の硬い芯が茎だ。では一体タマネギはどの部分なのかといえば、なんと葉の一部。上に生えるネギみたいなヤツも葉だ。ネギも地面に埋まった玉も同じ葉。タマネギは葉の根元が丸くなったものなのだ。

すごいパワーが秘められている

タマネギはネギとはいえ、異なる味や特徴を持つ。タマネギの原産国の中央アジアは乾燥地帯で、何層にもなって玉になったタマネギは長期保存でき、都合が良かった。ネギを1ヶ月保管したらひからびてしまうだろう。古代エジプトでは剥いても剥いてもなくならないタマネギを永遠の象徴とし、ミイラ作りに使ったと言われている。またタマネギやニンニクの汁には、あまり強くない抗生物質があると言われている。昔の戦争では傷の殺菌にニンニクやタマネギを使ったそうだ。

葉

円筒形で直立し、高さは50cmくらいまで生長する。葉はネギよりも細く空洞で倒れやすい。

タネ

花の中の雌しべが膨らみ、タネができる。風で花が揺れるたびにタネが周囲に飛び散る仕組み。

花

6〜7月。てっぺんに大きな球形ができる。白色の星型の小さな花が密集する。通称ネギボウズ。

まな板の上で化学反応を起こしている!?

どうしてタマネギは切った途端に涙が出るのだろう。タマネギの細胞が壊れる時、細胞の中にある「アリシン」という物質が酵素によって化学反応を起こし、揮発性の催涙物質に変化する。これは動物や虫に齧られないような防御のため。この強烈な攻撃をくらった動物や虫たちは、酷い目にあったタマネギを二度と食べなくなる。ところがそれでもタマネギを好む生き物がいる。人間とゴキブリだ。ゴキブリはタマネギの刺激臭を好むため、ホウ酸団子に使われている。人間はタマネギを炒めると旨味成分やコクが出ることに味をしめ、スープや炒め物など何にでもタマネギを使う。また血液サラサラ効果があるなんて言って、せっせと食べる。タマネギにしたら、そんな生物がいるなんて計算外だっただろう。ちなみに涙があまりでないようにするためには、タマネギを冷やすといい。そんなことができるのも人間ならではだ。

畑の様子

タマネギが育つと半分くらい姿を地上に現す。ネギボウズができる前に収穫する。

実り方

地中の葉鞘とよばれる部分が成長し、重なり合って、次第に球体のように丸くなる。

タマネギで実験してみよう

水栽培してみよう

ヒヤシンスと同じ要領でタマネギを水栽培してみると、タマネギの全貌がよく分かる。

皮で布を染めてみよう

料理する時に捨てる皮の部分を鍋で煮て、布を浸し、ミョウバンなどで定着させるとキレイな黄色に染まる。黄ばんだTシャツやハンカチを染め直してみてもいい。

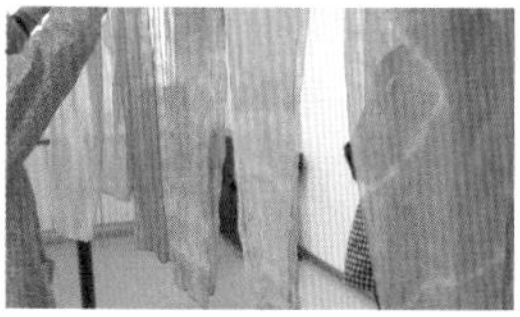

タマネギに似た植物

【ネギ】

ネギの白い部分は土に埋まっていた部分で青いところと同じ部位。

【スイセン】

庭で同時に植えて、間違って食べてしまう事故がたまに起こる。有毒。

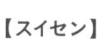

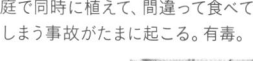

BAMBOO SHOOT

Phyllostachys heterocycla

タケノコ ［筍］

イネ科

育てやすさ ◆◇◇

一瞬のチャンスを逃すな

タケノコは竹の新芽。
竹は1日に1メートル伸びることもある。
そう考えると、すごくタイミングが重要な食べ物だ。
地面から顔を出す前の生まれたての瞬間を
土の中から見つけて、掘る。
旬なんていう、呑気な話ではないのだ。

原産地：日本、中国
主な産地：福岡、鹿児島、熊本
旬：3～5月
育て方：植えることも可能だが地下茎の勢いが強く一般向きではない。
背丈：2～10m、生育適温：16～20℃
食べる部位：茎（新芽）
別名：モウソウチク、マダケ
花言葉：節度、節操

タケノコの成長速度が早いのは何故か

背が早く伸びる例えに、よく「タケノコ」が使われる。タケノコの成長はとにかく早い。タケノコに上着をかけて昼寝をしたら目覚めた時には届かなかった、という笑い話もあるほどだ。1日に1メートル以上伸びることもあるなんて驚異的なスピード。その不思議さゆえに、かぐや姫のおとぎ話に使われたのかもしれない。それにしても、何故タケノコはそんなに成長が早いのだろう。通常の植物は茎の先端に成長点というものが1つある。その細胞を分裂させながら、少しずつ伸びていく。それに対して、竹は成長点がいくつもある。あの節の部分がそうだ。1つの竹に10個の節があれば、10箇所で伸びる。しかも地下茎でエネルギーをため一気に伸びることができる。体内に成長促進ホルモンも持っている。

脱皮しながら30日で竹になり、60年ごとに一度だけ開花する

タケノコから竹に変身するのは30日間。タケノコの皮はイノシシなどの野生動物に食べられないようにするための防護服。背が伸びるごとに皮は一枚ずつ自然とはがれ落ちて、全部落ちた時には立派な竹になっている。それほど成長の早い竹なのに、花を咲かせるタイミングは信じられないほど遅い。なんと60年

花

竹の花はイネ科の花の特徴があり、花びらがなく花穂がいくつも連なった形で付いている。

タネ

花が咲いた後にタネが大量にばらまかれる。イネ科で米に似ているため、ネズミが大発生するという説も。

葉

葉の裏面にはわずかに毛がある。竹の幹は生長を終えると、枝が毎年枝分かれしながら伸びる。

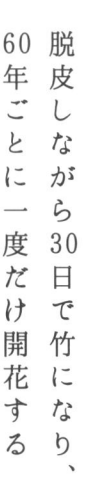

に一度だけ咲くのだ。しかも竹の花が咲くと、その竹林は一斉に枯れる。昔の人はこれを凶事と言って恐れた。けれど、よく考えてみれば、ヒマワリも花が咲けば枯れてタネをつけ、朽ち果てる。それと同じ。竹は地下で一つにつながっているので何本あるように見えても同じ一つの竹ということが多々ある。花が咲き、タネをつけ、役目を終え、枯れただけのことなのだ。

竹を使わなくなって、山が荒れている

昔、人は里山で暮らし、タケノコを掘るのも難しくなかった。タケノコの皮には防腐効果があるため竹の皮におにぎりを包んだり、竹も細工して使ってきた。けれど今では人は山から離れ、あまり竹を使わない生活になった。竹は伸び放題で今、山が荒れている。竹の花が咲き、一斉に枯れる60年。景気のサイクルも大体60年サイクルという。なんだか不思議な偶然だ。

畑の様子

畑などはなく、山の竹を生かしている。地域と品種違いで採れる時期は異なる。

実り方

地下茎に節があり、その節に根と芽が蓄えられている。地下茎から全体に栄養を一気に送れる。

タケノコで実験してみよう

皮付きのタケノコを買ってみよう

もし皮付きのタケノコが売っていたら、剥いてみよう。どこから食べられる部分かな? また半分に切ってみると、皮が何枚あって、節が何個あるか分かる。

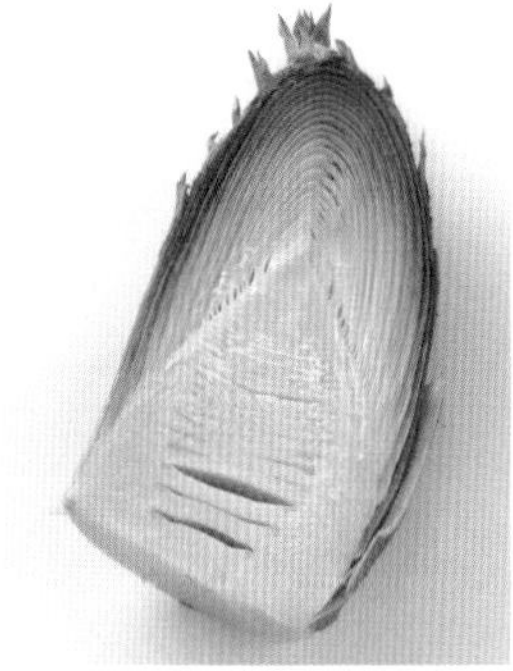

タケノコに似た植物

【笹(ササ)】

竹とほぼ同じ植物。背が低く、細い。七夕に使われるのは笹。また竹のように皮が剥けたりしない。

PEA

Pisum sativum

エンドウ［豌豆］

マメ科

育てやすさ ◆◆◆

サヤエンドウが、グリーンピースになる？

子どもにも大人にも人気の枝豆に比べると、エンドウは不憫なものだ。あまり食べられない割に呼び名がたくさんあって、結局、エンドウマメってどんなだっけ？と言われる始末だ。

原産地：中央アジアから中近東
主な産地：鹿児島、愛知
旬：4〜9月
育て方：プランタで栽培可。鳥よけのため、ネットなどをかける。支柱につるを誘引する。
背丈：1.5〜2m、生育適温：15〜20℃
食べる部位：果実
別名：グリーンピース、サヤエンドウ、豆苗
花言葉：いつまでも続く楽しみ、約束

案外、大人だって知らない事実

大豆は成長期で枝豆、もやしと別名があるように、エンドウも成長に応じて色んな名前を持っている。エンドウの新芽は「豆苗（とうみょう）」と呼ばれ、まだ未熟な平たいサヤは「サヤエンドウ」、成長すると、「エンドウマメ」、完熟前のタネだけ取り出したものは「グリーンピース」と呼ばれている。こういった名前の使い分けがあるというのは、それだけ大豆やエンドウが昔の日本人にとって馴染み深い食材だったということだろう。ところが昔ほど豆を食べなくなった今では、あまり大人でもこの事実を知らない。そして、多くの人は「エンドウマメ」と呼ぶが、漢字で書くと「豌豆豆」となってしまう。

マメ科の可憐な花は、好条件な相手を選ぶ

マメ科の花はどれも蝶のように美しい形をしているのが特徴だ。マメ科の花の特徴でもある蝶が羽根を広げたような花びらは、虫界の頭脳王であるハチに「ここだよ」とお知らせする旗のようなもの。真ん中には雌しべと雄しべを隠した突き出た花びらがある。ハチが止まるとその花びらは下に下がり、中の蜜を吸わせる代わりに花粉をハチの体につける。ハチはとても頭がよく、おいしい蜜があった花の特徴を覚え、またその味を求めて同じ目印の花へ飛んでいってくれる。ハチを選んで蜜を与

葉

葉の先端に巻きひげがあり、他のものに巻きつくので支柱や竹などを立てる。

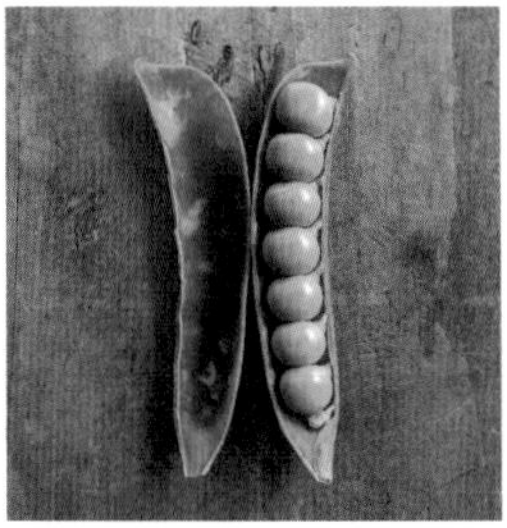

タネ

グリンピースが完熟して乾燥するとタネになる。サヤの中に隙間なくビッシリ並ぶ。

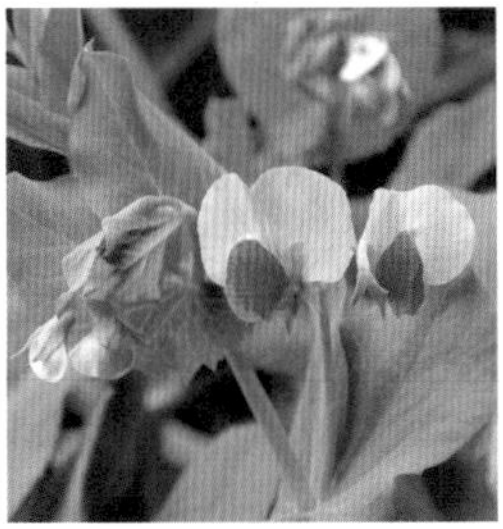

花

3〜5月。花色は赤紫色と白色がある。蝶のような形をした花びらが特徴。

えれば、受粉の成功率が他の虫よりグンと上がる。

マメ科の中では特殊な受粉方法

エンドウの花も一見すると他のマメ科の花と同じように見える。けれど、じつはエンドウの花には他のマメ類とは大きく違う点がある。他のマメ科の花たちは受粉のパートナーとして頭のいいハチを選んだというのに、エンドウの花は真ん中の花びらにハチが止まっても下がらないのだ。それどころか蜜が用意されていない。エンドウはハチに頼らず、自家受粉（花が咲く時に自分で受粉する）という方法を選んだ。人間に育てられるエンドウが生き残るには、野に咲く花のようにハチに頼るよりも、自分で同じマメを確実に実らせる方が得策という訳だ。

畑の様子

ツル性で周囲のものに掴まりながら伸びていく。支柱を立てないと上手く育たない。旬は5〜6月と9月〜10月。

実り方

花の中の雌しべの下が膨らみ、成長して小さなサヤができる。まだ若い時はサヤインゲン。

エンドウで試してみよう

スーパーマーケットで買ったグリーンピースでも芽が出る？

生のグリーンピース（できればサヤ入り）が手に入ったら、水につけて数日置いてみると芽が出てくる。それを土に植えれば育てることも。

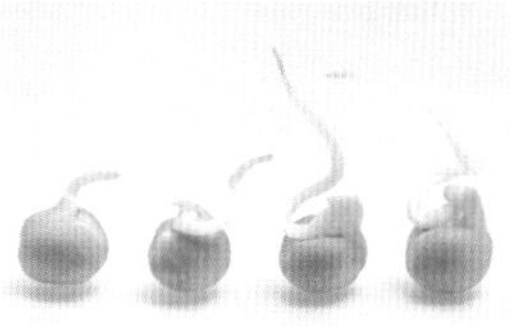

花をルーペで見る

もしエンドウを育てる機会があったら、虫メガネなどで花を拡大して、その複雑な形を観察してみよう。形を覚えればマメ科の花が見分けられるようになる。

エンドウに似た植物

【カラスノエンドウ】

公園の隅などに生える雑草。小さい花だが、よく見るととても似た花とサヤをつける。

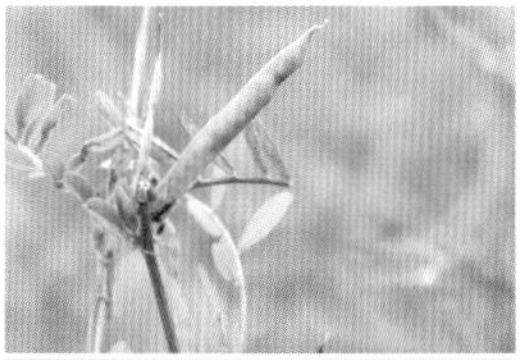

BURDOCK

Arctium lappa

ゴボウ［牛蒡］

キク科

育てやすさ ◆◆◇

ゴボウを食べるのは日本人だけ

一見、泥のついた木の根みたいな見た目だが、きんぴらにしても素揚げにしても美味しい。でも、ゴボウを食べるのは世界の中で日本くらい。試しに、日本の食文化を知らない外国人に、「私はいつもゴボウを食べている」といってみるといい。「あんな木の根みたいなものを？」と、とても驚かれるだろう。

原産地：ユーラシア大陸
主な産地：青森、茨城、北海道
旬：4～6月、11～2月
育て方：日の当たる畑で、タネから育てる。初心者は春まきがおすすめ。
背丈：70～80㎝、生育適温：20～25℃
食べる部位：根
別名：ごんぼ
花言葉：人格者、いじめないで、しつこくせがむ

ゴボウを食べるのは、外国人が驚くことの一つ

日本人は世界の中でも、独自の食文化を持っている。例えば、身近な生卵も外国では珍しいこと。ネバネバした納豆（腐った豆）に生卵を入れてかき混ぜてみせれば、ドン引きされること間違いなしだ。他にも猛毒を持つフグも食べるなんて「日本人はクレイジー！」と驚くだろう。そんな数々の驚愕ものの日本の食べ物の一つにゴボウがある。泥だらけで、硬い木の根のようなものをどう調理するのか見当もつかないのだ。実際、第二次大戦中、捕虜にゴボウを食べさせた職員が捕虜虐待の罪で訴えられたこともある。今でこそ欧米や中国などではゴボウは漢方やハーブとして使われているが、やはり料理に使うことはない。「飛ぶものは飛行機以外、四本足は机以外、何でも食べる」と言われる中国人でさえ、ゴボウを食べようとは思わなかったのだ。

逆にこれだけ優秀な食材を食べないなんて！

でもゴボウはとても優秀な食材だ。まず野菜の中でもダントツに食物繊維が多い。腸の働きを良くして老廃物を排出し、低カロリーなためダイエット食材としても人気。ビタミン・ミネラルはもちろん、ポリフェノールも含まれていて若返り効果などが期待できる。しかもゴボウには消臭効果があるため、アク

葉

根元から長い茎を伸ばし、ハート形の葉を茂らせる。大きな葉は40cmほどになる。

タネ

花の後、2cmくらいの多数のタネの詰まった実ができる。実は衣服につくと離れない。

花

7～9月。ゴボウを収穫せずにそのままにすると、人の背丈ほどまで成長し、翌年アザミに似た赤紫色の花を咲かせる。

抜きにも使える。臭みの強い肉や魚などと一緒に調理すれば、その臭みは気にならないレベルになる。大体、外国で漢方やハーブに使うくらい体にいいってことは証明済みなのに、食べない方が不思議なくらいだ。

花はキレイでアザミのような見た目

ゴボウの花は想像に反してキレイだ。見た目はほとんどアザミの花。意外なことにゴボウもアザミも同じキク科だ。え？キク科？全然違うのに、と思うかもしれない。キク科は世界の植物で最大のグループの一つ。タンポポ、コスモス、ヒマワリ、ヨモギ、ブタクサも全部同じキク科。アザミの花が実になると、釣り針のようなトゲがあって衣服などにくっついてタネを運ばせる。だから花言葉は「しつこくせがむ」。中国では「悪実」と呼ばれ、アメリカでも厄介な雑草扱いされている。

畑の様子

貯蔵したものが通年出回るが本来の旬は10〜2月、白くて柔らかい新ゴボウは3月〜8月。

実り方

根の長さが30cm〜1m近く伸びる。写真は柔らかい品種のサラダゴボウ。

ゴボウで実験してみよう

ゴボウの消臭効果を試す

ゴボウに消臭効果を試すのに、カットしたゴボウを匂いの強い液体に入れておくと臭みが抜ける。ドジョウ鍋にゴボウを入れるのも臭み消しのためだ。

ゴボウに似た植物

【アザミ】

花自体は似ているが葉の形は細くギザギザで背丈も低い。アザミの根っこはヤマゴボウと言われ、漬物に使われることもある。

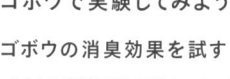

STRAWBERRY

Fragaria × ananassa

イチゴ ［苺］

バラ科

育てやすさ ◆◆◆

野菜と言われても、納得できない

みんな大好きなイチゴ。
甘くて、フルーティーな味わいで、
ケーキの上にも乗っているし、
どこからどうみても果物にしか見えない。
こんなイチゴが、どうして野菜なのか？

原産地：アメリカ
主な産地：栃木、福岡、熊本
旬：4～6月（流通は12～4月）
育て方：プランタで栽培可能。ランナーを内側に向けて植えると、プランターの縁から垂れ下がるように実がなる。
背丈：20～30㎝、生育適温：17～20℃
食べる部位：果実
別名：オランダイチゴ、ストロベリー
花言葉：幸福な家庭、先見の明、尊重と愛情

そもそも果物と野菜の違いとは？

世の中には納得できないことがたくさんあるが、野菜のグループ分けもその一つだ。スイカはまだウリの仲間だからギリギリ分かるが、イチゴだけは、どうしても野菜というのが納得できない。イチゴはバラ科。モモ、リンゴ、ナシなどの果物も同じバラ科だ。なのに、どうしてイチゴだけ野菜にされてしまったのか。その答えは、木になるか、草になるか、の違い。基本的に果物は「木」になるもので、野菜は「草」になる。

イチゴの実はどこにある？

私たちがおいしいと言って食べている赤い部分は、果実ではない。イチゴのツブツブが「実」で、その中にタネが一粒ずつ入っている。では私たちが食べている赤い部分は何なのかといえば、偽果と呼ばれるもの。動物に丸ごと食べてもらいタネを運んでもらえるように花托という部分が赤く甘くなっているのだ。食べる側には、それがどの部分であるかよりも、甘くておいしいことが重要。あの粒をわざわざ取り出して食べる人はいないだろう。だからイチゴ1粒食べれば100個以上のタネ入りの実を食べたことになる。ちなみにイチゴからタネを取り出して植えれば芽が出てイチゴを育てることもできる。ただ食べたものと同じイチゴはできない。イチゴは苗から生えて出ているラン

葉

葉は筋入りの三つ葉。株からランナーと呼ばれるツルを伸ばし、子株を作って増える。

タネ

イチゴの赤い表面の小さな粒が本当の果実。タネはさらにその中に入っている。

花

2〜4月。白い5枚の花びらの中心に、いずれイチゴになる部分がある。

ナーという横に伸びる茎を出し、その先に子株を作って増えるのが一般的だ。ではタネは何のためにわざわざ苦労して甘い偽の果実を作ったのか? 自分の周囲には自分の分身を増やし、タネは動物に食べてもらって遠くで発芽してもらった方が都合がいい。そう考えるとイチゴはなかなか強かだ。

イチゴの本当の旬は春から初夏

イチゴは10粒も食べれば1日に必要なビタミンCがとれるという。ビタミンCといえば夏の紫外線対策にもいい。イチゴは本来、春から初夏が旬。夏にビタミンCたっぷりのイチゴを食べるのは理に適っていた。ところがイチゴがショートケーキに使われるようになってからイチゴの需要は冬になっていき、今では真逆の季節に作られている。スーパーマーケットなどで売っているイチゴはほとんど暖かいハウスの中で栽培されている。

実り方

雌しべの下の部分が受粉し、花びらが散り終わると、真ん中が大きく実になる。

畑の様子

路地ものの旬は4〜6月で、ハウス栽培は12〜4月頃。イチゴが汚れないように苗は高い位置に植える。

イチゴで実験してみよう

萌え断面スイーツを作ろう

イチゴを縦にカットするか、輪切りにするかで見え方が結構違う。パフェやゼリー、ムースなどを作る時、グラスに断面を貼り付けてみよう。

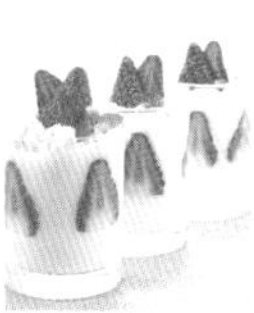

イチゴジャムを作ってみよう

お鍋に洗ってヘタを取ったイチゴ1パック当たり砂糖小さじ1を入れて木べらで潰しながら弱火に10分。レモン汁を加えてさらに10分。味見をしてお好みで砂糖を加えて汁気が減ったら冷まして完成。

イチゴに似た植物

【ヘビイチゴ】

公園の片隅などに生えている小さなイチゴのミニチュアみたいな雑草。実は丸く、花は黄色い。毒はないが、おいしくはない。

LETTUCE

Lactuca sativa

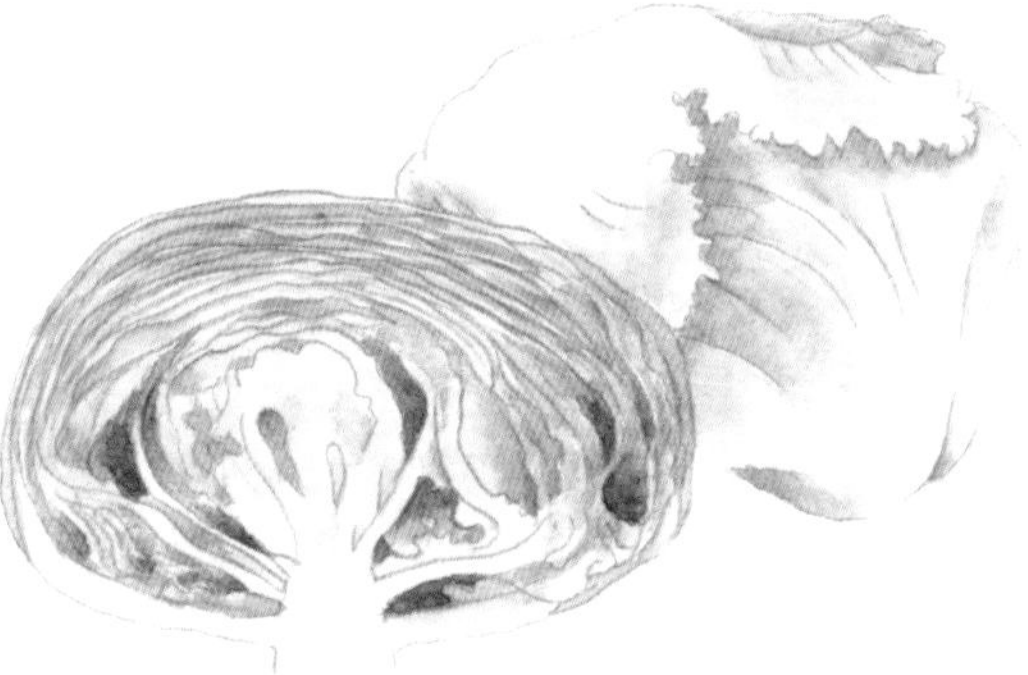

レタス［萵苣］

キク科

育てやすさ ◆◆◇

キャベツとはまったく別物

葉が丸まっている、という理由だけでキャベツと似ていると思われがちだが、レタスとキャベツはまったく違う。味も違うが、花を見れば一目瞭然。キャベツの花はほぼ菜の花なのに対して、レタスの花は、タンポポのような綿毛をつける。

原産地：地中海沿岸
主な産地：長野、茨城、群馬
旬：4〜9月
育て方：プランタでも栽培可能。タネまたは苗から育てる。害虫の被害が多いので防虫ネットをかける。
背丈：20〜30㎝、生育適温：15〜20℃
食べる部位：葉
別名：チシャ
花言葉：冷たい人、冷淡な人

パッと見はキャベツに似ているけど…

レタスはなんとなく形が玉になっているという理由だけで、キャベツの仲間かな？と思われがちだが、キャベツはアブラナ科、レタスはキク科と似ても似つかない野菜だ。アブラナ科は菜の花のような花でタネもサヤの中に入るが、キク科のレタスの花はタンポポやノゲシと同じような綿毛がタネについて、風に乗せて散布する全然違う仕組みを持っている。

切り口からは白い液体が出る！

一番分かりやすいのは、サラダにする時だ。キャベツは包丁で千切りして食べるが、レタスは包丁で千切りしない。それはレタスの葉が壊れやすいこともあるが、包丁で切った切り口が茶色く変色してしまう。これはレタスに含まれるフェノール物質が包丁の鉄と酸素とくっついて変色してしまうため。だから半分に切ったレタスの玉などは切り口が少し変色していたりするし、サラダにする時レタスを手でちぎる。タンポポやノゲシの茎を折ると、そこからまるでお乳のような白い液体が出てくるが、レタスもやはり同じように白い液体が出てくる。この白い液体は結構、苦い。レタスはこの苦み物質で虫から齧られないよう守っている。軽い催眠効果もあると言われていて、ピーターラビットの物語で子どもたちがレタスを食べて寝てしまったエ

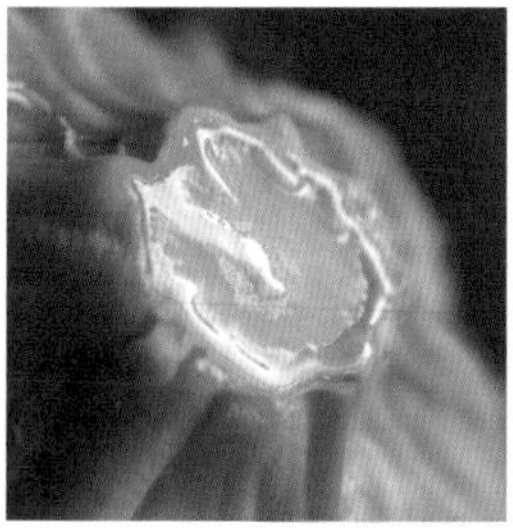

葉

丸くなるタイプのものと、リーフレタスのように丸まらないもの、フリル状のものがある。白い液はどれも出る。

タネ

花の後に綿毛ができ、風で飛ばす。雑草のアキノノゲシにそっくりな見た目。

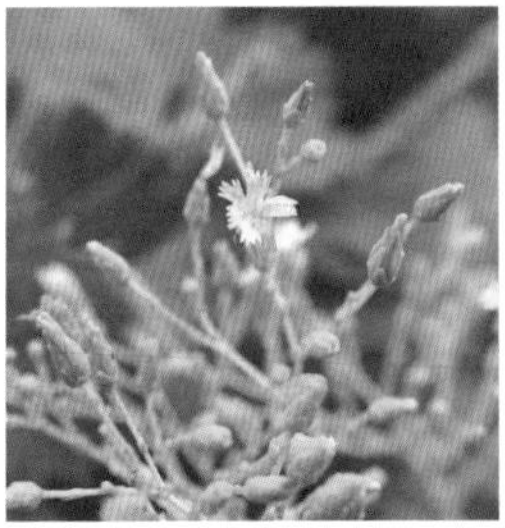

花

5〜7月。収穫せずに置いておくと、株の中心から花が出てくる。黄色く小さな花を咲かせる。

ピソードもここからきている。

レタスのタネは、光の波長すら選ぶ

レタスのタネは綿毛で風に飛ばされるくらい、とても小さい。だからタネが芽を出して無事に成長できるかは一か八かの賭け。少しでも生き残る確率を上げるために、タネは発芽のタイミングを見計らっている。だからレタスのタネはあまり土をかぶせすぎても芽が出ない。そして光の波長を見分けるという。植物の葉は光合成するため、青色から赤色の波長の光を吸収する。でも「遠赤色光(えんせきしょくこう)」は葉に吸収されずに葉を通過する。その光が自分に当たっているということは、すでにその上に何か他の葉が茂っていて、光合成をしているという証拠だ。だからレタスのタネは遠赤色光には反応せず、芽は出さない。あんな小さなタネにそんな能力が備わっていることに驚かされる。

実り方

植えたばかりの苗はこんな感じ。外へ葉を広げながら葉数を増やし、やがて球体になっていく。

畑の様子

涼しい気候を好み、高原で多く栽培されている。作りやすい季節は春と秋。旬は6〜11月。

レタスで実験してみよう

キッチンで育ててみよう

レタスは葉っぱをちぎって食べる野菜。であれば虫などもつきにくい室内で育ててみよう。小さな鉢植えでリーフレタスなら簡単に育てられる。

レタスに似た植物

【アキノノゲシ】

道端や公園に咲いている小さな野の花。花とタネがレタスにそっくりだ。葉はどちらかといえばシュンギクの方に似ている。

POTATO

Solanum tuberosum

ジャガイモ［馬鈴薯］

ナス科

育てやすさ ◆◆◆

お腹を満たす野菜の代表

小さな切れっ端からでも芽を出し、
どんな土でも埋めれば、
またジャガイモが収穫できる。
多くの国で主食のように食べられ、
多くの人を飢餓から救った救世主だ。
みんなの大好きなフライドポテトや
ポテトチップスもジャガイモからできている。

原産地：南アメリカ
主な産地：北海道
旬：4～10月
育て方：畑向き。土の上に露出して日が当たると、有毒物質ができるため、花が咲き始めてた頃に、新しい土をかける。
背丈：50～60cm、生育適温：15～23℃
食べる部位：地下茎
別名：バレイショ
花言葉：慈悲、慈愛、情け深い、恩恵

日光を浴びたジャガイモはどうして緑色になるのか？

ジャガイモの芽には毒がある。わずか0.4gで致死量となる「ソラニン」という毒で、食べると嘔吐や目眩などを起こす。もちろんイモは無毒だが、ジャガイモを調理する時に芽を取るのはそのせいだ。タネや芽に毒を持つ植物は意外と多い。これから大きくなるという時に食べられてしまっては子孫繁栄ができなくなってしまうため、毒で身を守っているのだ。ジャガイモを日光に当てると緑色になるが、その場合、緑色になった部分に毒ができてしまうので注意が必要。それにしても何故、日光に当てたからといってジャガイモは緑色になるのだろう。それはジャガイモが根っこではなく、茎だからだ。日光を浴びて光合成を行うために葉緑素が作られ、緑色になるのだ。

バラバラなようで、地下で円を描いている？

ジャガイモは地面の下にまばらに実がなるイメージがある。ところが驚くべき法則性がある。ジャガイモの凹みの部分がその地下茎とつながっていた部分だが、それは茎を中心に2／5周ずつ回った位置についている。というのも、地上に伸びるすべての植物の茎は、螺旋を描くように葉を配置しながら伸びている。ジャガイモも茎から繋がって生えているため、やはり地下で螺旋を描きながら成長していくのだ。

葉

茎や葉は硬くはない質感の割に、しっかり分厚くて丈夫で旺盛に繁る。

タネ

花の後、実をつけることがあるが、食べてはいけない。養分が取られるため栽培時は摘み取る。

花

花色は白～紫色系。咲く頻度や色などはジャガイモの品種によって違う。ナスの花に似ている。

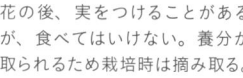

何度も自分のクローンを作ることができる

当たり前のことだが、ジャガイモにも花が咲く。その後に思いもかけない青いミニトマトのような姿の実がなることもある。ジャガイモはナス科。トマトもナス科だからか似た実がなる。ただし、それは毒で食べられない。その中にタネができるが、ジャガイモを栽培する時に、それを使う人はいない。不確実なタネを使うより、ジャガイモを切って埋めた方がずっと早くて確実だからだ。でも、それは植えたジャガイモのクローン。便利な反面、一度病気になれば全滅する。だから売っているタネイモは病気を取り除く処理がされている。アイルランドでは大昔、ジャガイモが病気で一斉に採れなくなり百万人以上の人が餓死した。その際、多くのアイルランド人が移り住んだのが今のアメリカだ。ジャガイモが世界に与えた影響は大きい。

畑の様子

旬は5〜6月と10〜11月。土や天候などをあまり選ばないため、どこでも植えられる。

実り方

茎の根元を引っ張ると、地面の下にたくさん実っている。子イモはタネイモより上にできる。

ジャガイモで実験してみよう

悪条件でも芽を出す

冷蔵庫で放置していても、窪んだ部分が残っていれば、ちょっとした欠片からでも芽が出る。芽がでたらプランタなどに植えてみよう。小さなジャガイモが収穫できる。

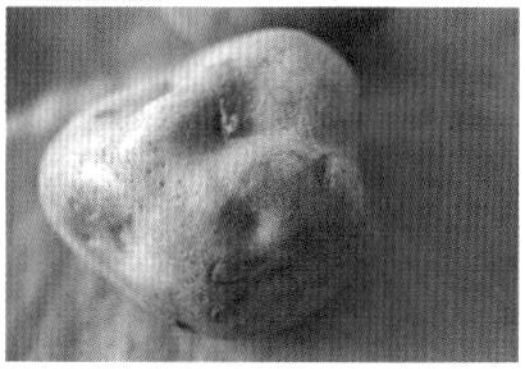

ジャガイモに似た植物

【ワルナスビ】

花やタネはワルナスビにも似ているが、葉はまったく違い、地下に芋もできない。

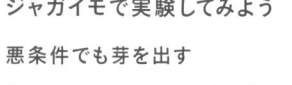

BROAD BEAN

Vicia faba

ソラマメ ［空豆］

マメ科

育てやすさ ◆◆◇

ゆったりと綿に包まれた贅沢なマメ

大抵の植物のサヤの中には、
タネがぎっしりと詰まっている。
なぜならタネを少しでも多くばらまきたいからだ。
でもソラマメのタネは、一つずつ大切そうに
ふわふわのベッドに包まれている。
まるで高価なギフトのようだ。

原産地：不明（中央アジア〜地中海沿岸）
主な産地：鹿児島、千葉、茨城
旬：5月
育て方：プランタでも栽培可能。日当りのいい場所で育てる。
背丈：70〜80㎝、生育適温：16〜20℃
食べる部位：果実
別名：テンマメ、ノラマメ、ナツマメ
花言葉：憧れ

ソラマメは空に向かって立ち上がる

マメ科は大抵、ツルを伸ばす。頑張って立ち上がるよりも、他人に寄りかかって生きた方がラク、とばかりに周囲に掴まり伸びていく。そのため茎は細くしなやか。その方が、どこにでも、どうとでも伸びていけて都合がいいからだ。植物の最大の目的は子孫繁栄。そのための方法はさまざまだが、マメ科のツルを伸ばすタイプは、頑丈に身を守ることにエネルギーを使うよりも、コスパよく成長して、実を充実させたり、遠くに伸びることに集中しよう、という作戦だ。けれど、ソラマメは違う。マメ科の中では珍しく、ツルを出さずに自分の力で直立する方法を選んだ。しかもマメも空に向かって立つ。

フワフワのベッドに守られたタネ

ソラマメの茎は風に負けないように丈夫にするため四角形だ。一年草で樹木のように硬い皮は持てないため、四方の角を強くして折れにくくしている。ポッキリ折れてしまえばそれまでだが、細長く伸びるより、太く強くする方法を選択した。また、タネとなるマメの守り方は他のマメより丁寧だ。立派なサヤには、ふわふわのベッドがついている。まるで割れ物を梱包して輸送する時のクッション材のようなものにタネは包まれている。たくさんばらまくよりも、一つ一つのタネを寒さや乾燥

葉

小さい葉が2〜6枚で連なり、旺盛に生える。あまりに日差しがキツいと葉を閉じる。

タネ

花の時期が終わると、サヤができ、中にタネができる。タネの中身の双葉は芽のエネルギータンクになる。

花

3〜5月。花びらが5枚重なってできた蝶形の花。白と赤紫系があるが、大きな黒斑と筋が特徴。

から守る戦略だ。私たちが食べているマメが、そこまでして守ってきたタネだと思うと、残さず食べないと不憫になる。

双葉を畳んだマメはエネルギー満タン！

ソラマメを茹でると、マメに少し硬めの皮がある。これを取ると、中は2枚のパズルのように分かれている。これはソラマメの双葉。生まれたての、か弱い芽が生き残るまでが、植物の成長の中で一番過酷な時期。たくさんタネをばらまくものは「数打ちゃ当たる作戦」。それに対して、生き延びるチャンスを増やすために、大きく丈夫なタネにし、エネルギーを蓄えて芽を出しやすくしているのがソラマメだ。ソラマメの双葉は皮を被ったまま開かない。双葉は地上に出ず、その後に出る本葉のためのエネルギータンクとしての役割をまっとうする。光に向かって真っすぐ立ち、一つ一つのタネを守る潔い生き方だ。

実り方

若いサヤが空を仰ぐように上を向くことからソラマメと名付けられた。収穫の合図は垂れ下がった頃。

畑の様子

プランタでも、畑の脇でも育てられ、意外と場所は選ばない。

ソラマメで実験してみよう

サヤ付きのソラマメを観察

もしサヤがついた生のソラマメが手に入ったら、蓋を開けて中を見てみよう。その構造と手触りはなかなか他にない。

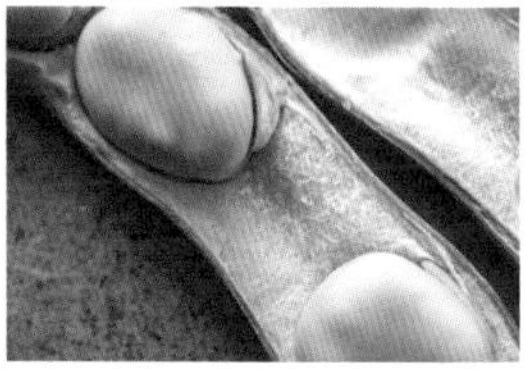

ソラマメに似た植物

【フジ】

よく公園にある藤棚などには、大きなマメがぶら下がっている。フジのマメはサヤがねじれた反動で、フリスビーの要領のようにタネを遠くに飛ばす。

ASPARAGUS

Asparagus officinalis

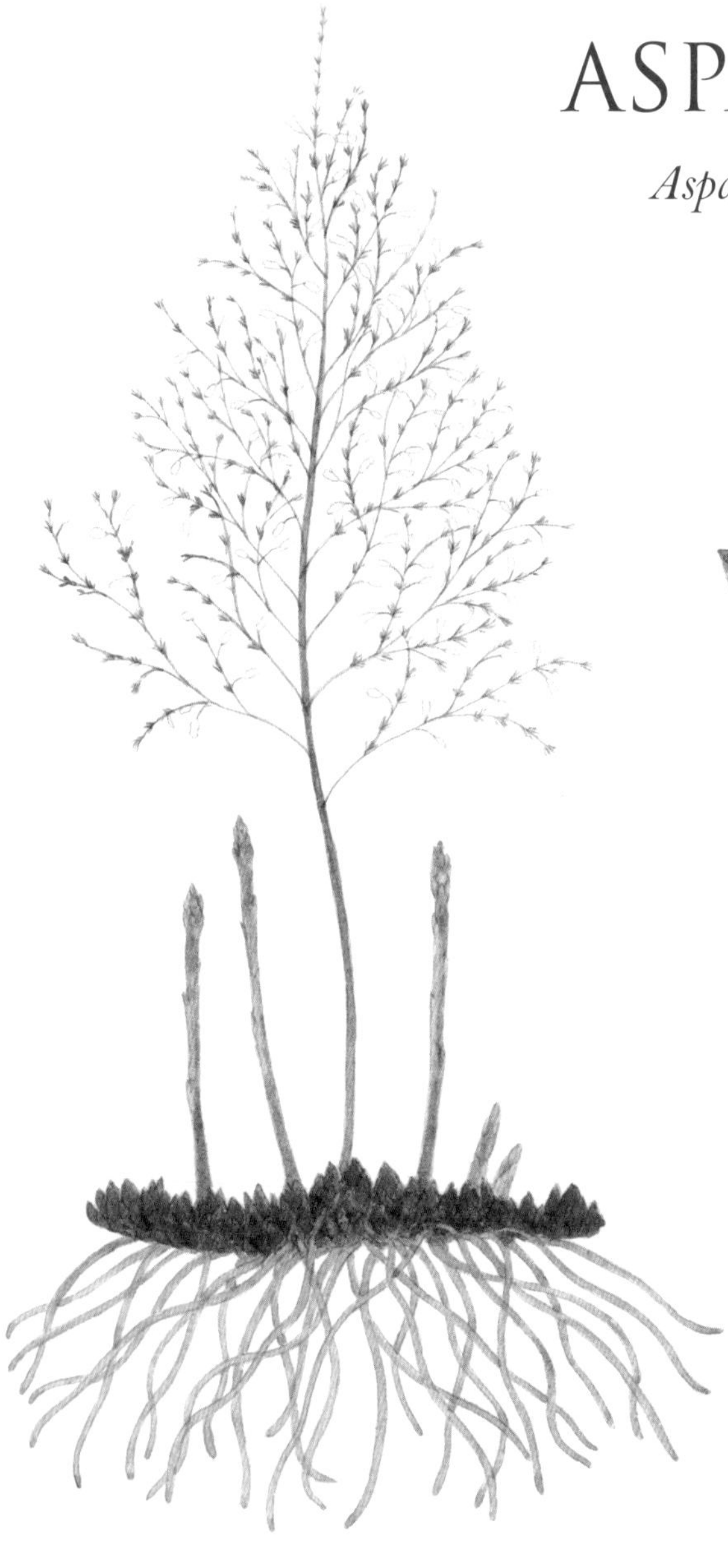

アスパラガス

キジカクシ科

育てやすさ ◆◆◇

［竜髭菜］

原産地：南ヨーロッパからロシア南部
主な産地：北海道、佐賀、熊本、長野
旬：5〜6月
育て方：日当たりの良い畑で育てる。最初の年は収穫できないが、2年目以降から芽が出る。
背丈：100〜150㎝、生育適温：15〜25℃
食べる部位：茎
別名：オランダキジカクシ
花言葉：私が勝つ、耐える恋、普遍

真っすぐに立ち上がる

アスパラガスは土の中から真っすぐスクスク育つ。
まるでモグラ叩きのように、
いつ、どこから出てくるか分からない。
しかも取るタイミングがなかなか難しい。
生えてきたらちょうどいいところで取らないと、
あっという間に食べられなくなってしまう。
ただ一度植えると、10年も収穫できる
ちょっと変わった野菜だ。

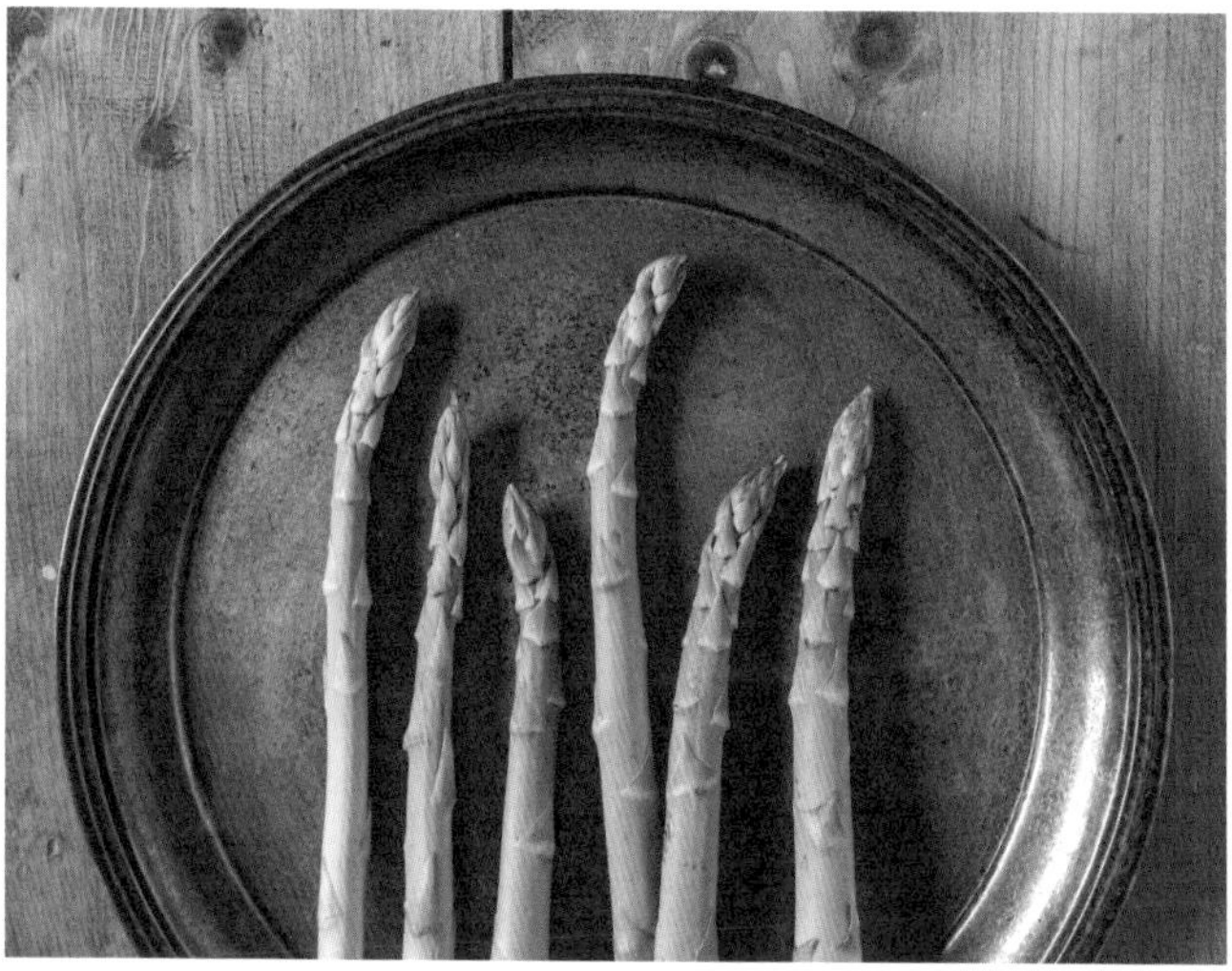

せっかちには不向きな家庭菜園

アスパラガスを育ててみるのは、なかなか面白い。色々と予想外のことが多い上に、観察力や忍耐力もいる。まず植えた最初の1年目は、ただ葉の少ないスカスカの笹みたいなものの背丈が大きくなるだけで、何も起こらない。花は虫メガネで見ないと見えないほどに小さく、まばらに咲いて、これまた見応えもない。多分、花が咲いたことにすら気づかないだろう。それで肝心の食べる部分のアスパラガスはどこにあるかといえば、2年目から突然、地中からニョキっと顔を出す。そのくせ数日以内に収穫しないと硬く伸びて食べられなくなるが、それを収穫せずに、再び笹のようになるのを見守って、2年目も辛抱。すると3年目以降は、それまでの恩を返すように、次々と4月から10月くらいまで、10年間もの長い期間、株の周囲からランダムにアスパラガスが生えてくる。

ほとんど全部、茎だけでできている

アスパラガスの株はひょろっとした印象で、茎も葉も細く、なんだか頼りなく見える。葉に見えるものは茎が進化したもので、茎のみで光合成を行う珍しい植物。アスパラガスは地中に栄養を蓄え、充分になれば地上へと新たな茎を伸ばす。その生えたての数日間の限られた期間に収穫した茎の部分が、私たちが知っているアスパラガスだ。先の部分や茎に三角のものがあ

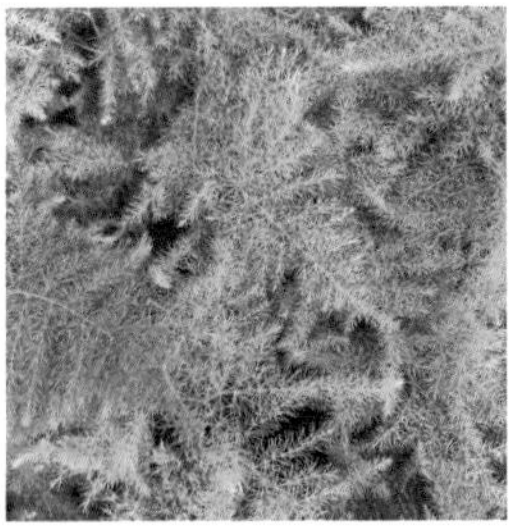

葉

アスパラガスにある三角の部分が葉で、細い葉のように見えるのは擬葉と呼ばれる枝。

タネ

緑色の球形が実で、秋頃に赤くなる。一つの実の中にはタネが4〜6個入っている。

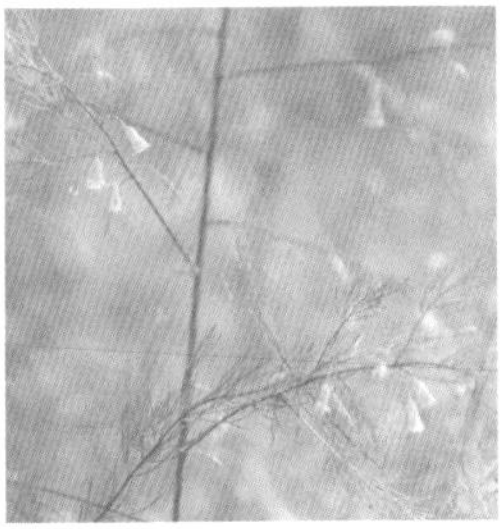

花

4〜7月。花は1cmにも満たない釣鐘形。雌雄異花で別々の株にそれぞれ花が咲く。

るが、それが葉。ただ使われずに退化している。地上では弱々しく見えるが、地中から出てきたアスパラガスは、疲労回復にいいアスパギラン酸や、貧血予防になる葉酸、骨の強化に役立つビタミンK、穂先には血管を強くする成分も含むなど栄養満点。ちなみに虫メガネで見るアスパラガスの花は小さなユリのようだ。アスパラガスは昔、ユリ科に分類されていた。ユリの本当の花びらは内側の3枚で、外側の3枚はガクの部分が花びらのように進化したもの。アスパラガスの小さな花も同じ構造になっている。

元気いっぱい。収穫後もまだまだ成長中！

成長途中で収穫されたアスパラガスは、冷蔵庫でもまだ真っすぐにのびようとしている。だから保存する時に横に倒すと、起き上がろうと無駄なエネルギーを使って消耗してしまうので、立てておく方がいい。ちなみにホワイトアスパラガスは品種の違いではなく、日光に当てない栽培方法の違いによるものだ。

実り方

気温が上がると地中から芽が出てくる。出てきたらわずか数日で20〜30cmに伸びる。

畑の様子

植え付けた年と翌年は収穫せずに親茎として伸ばし、根茎を太くさせると収穫量が増える。

アスパラガスで実験してみよう

食べる前に塩水につけてみる

アスパラガスにはたくさん管が通っていて、すぐに水を吸い上げる。試しに買ってきたアスパラガスを塩水につけて、焼いてみよう。味をつけなくても塩味がついておいしい。

アスパラガスに似た植物

【つくし】

植物としてはまったく違うもので見間違えることはないが、芽を出す雰囲気やスギナの雰囲気が似ている。

【トクサ】

日本庭園などに使われる。昔は乾燥してヤスリのように使われていた。これもツクシと同じシダ植物。

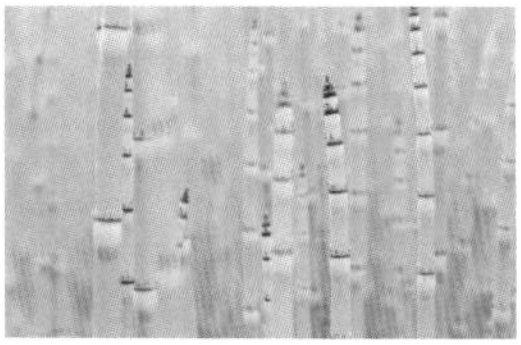

TOMATO

Solanum lycopersicum

トマト［赤茄子］

ナス科

育てやすさ ◆◆◆

みんなに大人気。野菜界のアイドル

お弁当やお皿の彩りにトマトを入れ、缶詰やジュースなどもズラリと並び、レストランでトマト料理を見ないことはない。これほど広く世界に浸透し、使われている野菜はあまり他にない。その種類も豊富で、甘さもあるので子どもにも食べやすい。

原産地：中央・南アメリカ
主な産地：熊本、北海道
旬：5～8月
育て方：プランタで栽培可能。日の当たる場所で苗から育てると簡単。三本の支柱をピラミッド型にさして支える。
背丈：1～2m、生育適温：20～30℃
食べる部位：果実
別名：唐柿
花言葉：完成美、感謝

トマトの人気はＤＮＡに仕込まれた食欲反応？

スーパーマーケットに行くと、大玉や中玉のトマト、ミニトマト、フルーツトマト、カラフルトマトなど種類豊富に展開されていることが多い。お弁当には、ほぼミニトマトが入っている。メインが茶系のおかずだとすると、そこに何か赤味と緑が入るだけでずっと美味しそうに見えるからだ。赤色は副交感神経を高めて、食欲を湧かせる効果がある。それは大昔から植物に赤い実がなるのは「食べごろ」を示すためと決まっていた。だから緑と赤の組み合わせは食欲をそそる。緑はレタスやブロッコリー、アスパラガスなど色々な選択肢があるが、真っ赤な野菜はそうない。お弁当の隙間を埋めるのにもミニトマトは主婦的にはちょうどいい。何しろまったく調理も味付けもしなくていい。その手軽さもラク。ミニトマトなら切る手間すらいらない。トマトが人気なのは、そのまま食べられる赤い野菜だからだ。

昔、トマトは観賞用の植物だと思われていた

今や世界を牛耳る野菜の王様トマトだが、ずっと昔は食べられない観賞用のものだと思われていた。赤い花やホウズキなどと同じ感覚だ。というのもトマトはナス科で、その実は有毒だと思われていた。けれど実際には毒があるのは実ではなく葉の

葉

ギザギザとした葉で、和紙かフェルトのような手触り。葉の付け根から脇芽が伸びる。

タネ

果実のゼリー状の中に包まれている。普段、私たちは気にせず食べている部分。

花

6～9月。花は咲くと花びらが反り返り、虫や風の振動で花粉が落ちて受粉する。

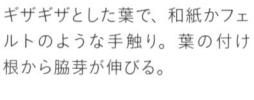

方。ただ、トマトの葉にある毒の名前は結構可愛くて「トマチン」という。ちょっと親しみの湧く名前だ。

みんなが羨む、真っ赤な色素「リコピン」

食べられ始めるようになると、今度はその栄養価に注目が集まり、人気はさらに高まった。「トマトが赤くなると医者が青くなる」というのは、トマトを食べると健康になるから誰も病院に来なくなり医者の仕事がなくなると心配する、という意味。ビタミンなども豊富な上に、血中コレステロールを下げるGABAや、ガン予防になるリコピンまで入っている（「リコピン」という名前も可愛い）。植物の赤い色素は、普通は紫色のアントシアニンと、オレンジ色のカロチノイド。リンゴなどはアントシアニンとカロチノイドを組み合わせて、なんとか赤く見せている。それに引き換え、トマトは鮮やかな赤色のリコピンという色素を持っている。

実り方

受粉後、果実は茎に近い方から時間差で赤くなる。ミニトマトは12月まで実をつけることも。

畑の様子

旬は7～9月。真夏でも多少水をやらなくても元気に育つ。ハウスでは一年中栽培される。

トマトで実験してみよう

甘いトマトの調べ方

水を入れた大きめのグラスにミニトマトを入れて、砂糖をスプーン1杯加えてかき混ぜてみよう。浮くものと沈んでいるものがある。沈んでいる方が甘いトマト。これは比重の実験。

トマトに似た植物

【ハナナス】

熱帯アフリカ原産のナス科の植物。観賞用なので食用にはならない。

WATERMELON

Citrullus lanatus

スイカ

［西瓜］

ウリ科

育てやすさ ◆◆◆

スイカはウリ科の異端児

スイカは赤い。
そんなのは当り前と思うだろう。
でも、よく考えれば、スイカはウリ科なのに赤い。
その上、タネが散らばっている。
スイカを食べる時に、
タネが邪魔だな、と思うのは当然。
何故なら、それはスイカの戦略だからだ。

原産地：アフリカ中部
主な産地：熊本、千葉、山形
旬：5〜8月
育て方：横に広がり、実も大きく育つためプランタでは不向き。日当りのいい畑などで育てる。
背丈：30〜40㎝、生育適温：25〜30℃
食べる部位：果実
別名：水瓜
花言葉：かさばったもの

昔は丸ごとスイカを買うのが当たり前

スイカといえば、夏の風物詩。昔は家族も多かったせいか、丸ごとのスイカがよく売られていた。主婦はそのズラリと並ぶスイカを、ポンポンッと軽快に叩きながら、どれを買うか選んだものだ。中身が詰まっているか、甘くておいしいか、音で聞き分けられた昔の主婦はスゴイ。最近では少子化、核家族化で丸ごと1個は食べきれず、カットされたものがほとんど。ある意味で断面から中身の様子が分かって選びやすいが、主婦の熟練の技が継承されなかったのは少し惜しい。

スイカはタネの配置も実の色も特殊

スイカは90％水分でできている。もともとスイカは砂漠生まれ。夏の熱中症対策にもスイカがいいとされているのは、水分と一緒にミネラルもとれるため。よく考えてみれば、スイカはかなり特殊だ。ウリ科なのに中身が赤く、タネが散らばっている。メロンや他のウリ科の仲間は真ん中にタネが集まっていて、最初に取ってしまえば済むのに、スイカは何故タネが散らばっているのか。それは生物にタネを食べてもらうため。どこを食べてもタネが口に入るように上手く散らばっている。スイカのタネはガラス質のように硬くツルツルしているため、うっかりツルッと喉を通ると、そのまま消化されずに糞として排出され

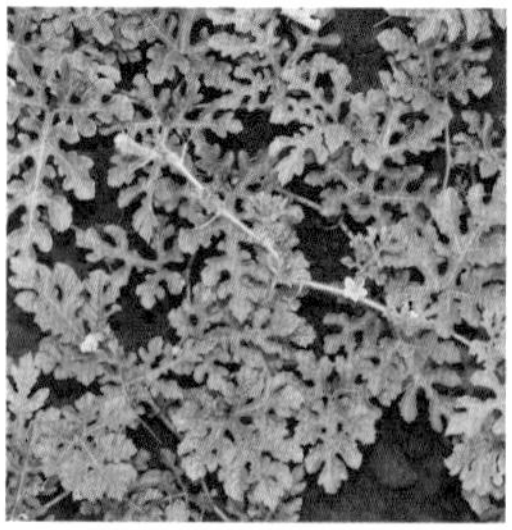

葉

ギザギザした葉脈の多い分厚い葉は水分を保つため。つる性植物で成長期の間伸び続ける。

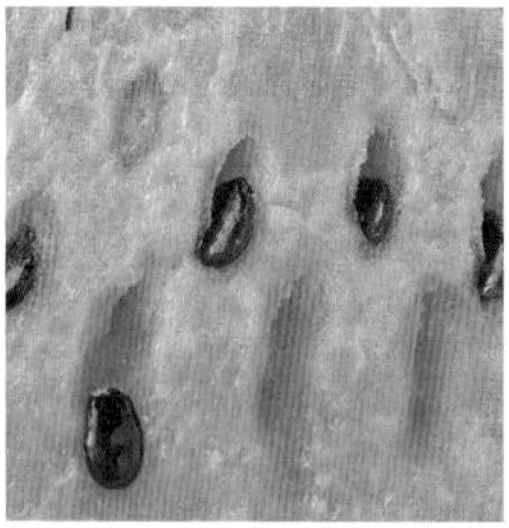

タネ

タネは果肉の中にまばらに散る。タネの表面は硬いコーティングがされ、ツルツルしている。

花

6～8月。黄色の花を咲かせる。雌花の下には丸く膨らんだものがあり、これがスイカになる。

る。少しでも遠くまで運ばれるには体内に止まった方が広範囲に広がるチャンスがある。

どうしてタネなしスイカは消えたのか?

そんなスイカの戦略を無視して、「こんな邪魔なタネをなくしてしまえ!」と、昔、タネなしスイカが作られたことがあった。ところがこれが不評に終わって姿を消した。甘みが少なかったり、中に空洞ができたりして、どうも上手くいかない。スイカはタネを食べさせたいために、タネの周辺と中央に行くほど甘くしていたのだ。だからタネをなくしたら甘みが減り、人間の方が諦めた。結局、従来のスイカが今でも主流。スイカの作戦勝ちという訳だ。

畑の様子

地面にワラが敷かれているのは、スイカが地面について汚れないようにするため。

実り方

花が終わった後、小さなスイカに早くも縞模様が現れる。ここから大きな実に育つ。

スイカで実験してみよう

一見タネなしスイカに見せるカットを作るには?

スイカは縞の方向に切ることが多いが、一度、輪切りにしてみよう。一見散らばっているタネが、なんとなく6つのブロックに分かれているのが分かるだろうか。この状態から包丁を入れれば、断面にタネのないスイカのできあがり!

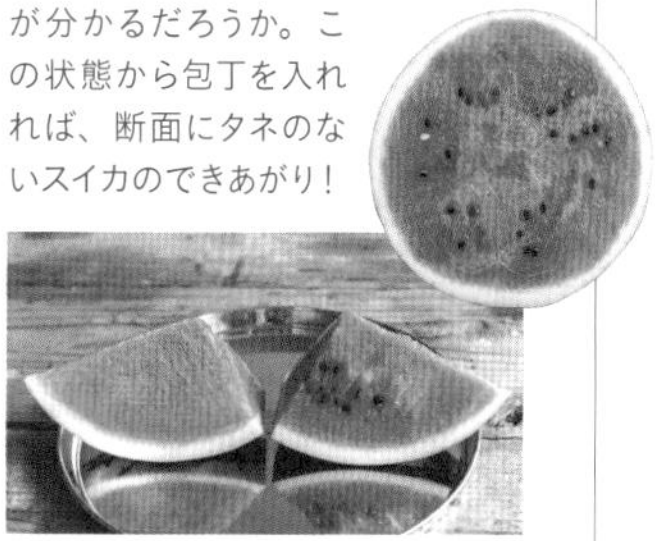

スイカに似た植物

【プリンスメロン】

マスクメロンに比べると小ぶりで、手頃な価格のメロン。

【マクワウリ】

プリンスメロンよりも先に日本に入っていたのが、このマクワウリ。見た目はスイカっぽいが、葉はスイカより丸く、中は白っぽい。

OKRA

Abelmoschus esculentus

オクラ

［秋葵］

アオイ科

育てやすさ ◆◆◇

まるで貴婦人のように美しい姿

オクラは美しい花をたった1日だけ咲かせる。緑色のネットにギュッと入れられ、ネバネバとしたオクラのイメージからはほど遠い華やかな花だ。

果実は上向きに凛々しく立ち上がり、「レディース・フィンガー」と呼ばれる。

原産地：北東アフリカ
主な産地：鹿児島、高知、沖縄
旬：6〜8月
育て方：プランタで栽培可能。タネまたは苗から。日当たりの良い場所で高温多湿を好み、夏は次々に実をつける。
背丈：1.5〜2m以上、生育適温：25〜30℃
食べる部位：果実
別名：アメリカネリ、オカレンコン
花言葉：恋によって身が細る、恋の病

ネバネバ好きな日本人にピッタリな野菜

オクラといえば、刻んだ時に粘り気が出てくるネバネバが特徴の野菜。夏には蕎麦に納豆や山芋と一緒にネバネバ軍団をまとめていれたり、和食に使うイメージも強い。名前も「オクラ」なんて和風な響きで、外国人が大抵ネバネバが苦手ということもあって、オクラは日本生まれの野菜のようなイメージがある。ところが意外なことにオクラは2000年以上前の古代エジプト時代から栽培されていたアフリカ生まれの野菜だ。しかも原産国のアフリカはもちろん、パキスタン、中東、インド、アメリカ南部、キューバなどでも親しまれている。確かにオクラの花や葉を見てみれば、どことなく暑い国の風貌をしている。

レディース・フィンガーは女性の味方

原産国アフリカでは、オクラが上向きにシュッと生えることから「女性の指」(レディース・フィンガー)と例えられる。栄養素も女性におすすめなものが多く、粘りのもとである食物繊維のペクチンは便秘を良くしたり、血行を良くして目の下のくまを改善したり、貧血予防できたりといいこと尽くし。妊婦さんに必要な葉酸という栄養まである。オクラは火を通さないほどネバネバがよく出る。よく刻んでおかかと和えて醤油をかけただけで立派な一品おかずになるのも嬉しい。

葉

手のひらのように5つに裂け、15〜30cmの大きさになる。果実に比べると葉が目立つ。

タネ

5つの部屋に分かれ、小さいタネが連なって育つ。縦横に切ってみるとその様子が分かる。

花

6〜8月にクリーム色の5弁花(直径10cmほど)を咲かせる。中央はワイン色。

野菜の中では珍しく、大きな花を1日だけ咲かせる

実際にオクラを育ててみて一番驚くのは花の姿だ。野菜の花にしては珍しいほど大きく立派な白く美しい花を咲かせる。アオイ科というだけあって、同じアオイの仲間のハイビスカスやフヨウ、ムクゲなどともよく似ている。ただ観賞用には向かず、早朝に咲かせると、自分で雄しべと雌しべを受粉させ、昼頃には役目を終えてしぼんでしまう。そこから数日で実がなり、収穫時期はわずか。タイミングを外すと、とても硬くて食べられない。ネバネバと粘るイメージからはほど遠い、サッパリとしたよい生き方だ。

畑の様子

旬は6～8月。ハウスでも栽培され通年出回る。ベランダのプランタなどでも育てられる。

実り方

花が終わった場所に小さな帽子のように上向きに実る。産毛で水や虫から身を守る。

オクラで実験してみよう

星形のスタンプを作る

切った時の形が星形のような形になる。半分に切って、スタンプ台でインクをつければ、可愛いハンコのできあがり。

オクラに似た植物

アオイ科の花とよく似ている。ハイビスカス、フヨウ、ムクゲ、トロロアオイなど。

【トロロアオイ】

【フヨウ】

【ハイビスカス】

CORN

Zea mays

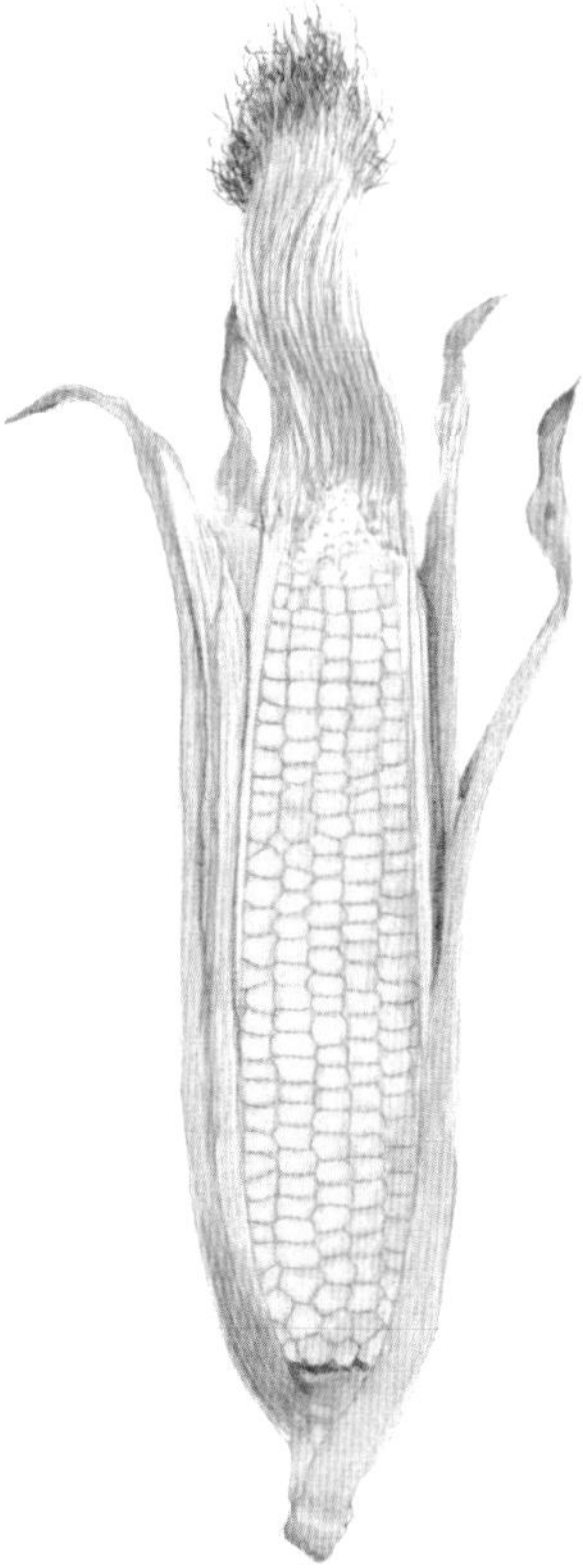

トウモロコシ［玉蜀黍］

イネ科

育てやすさ ◆◆◇

野菜であり、穀物でもある

日本人にとってトウモロコシは、
夏に屋台に並んだり、
サラダの上に乗ったりなど
たまに食べる印象の野菜。
でも世界で一番作られている穀物は、
小麦でも米でもなく、トウモロコシ。
世界の生産量ナンバーワンの穀物だ。

原産地：中央アメリカから南アメリカ北部
主な産地：北海道、千葉、茨城
旬：6〜9月
育て方：タネから育てる。日の当たる場所で、ある程度の広さの畑と株数が必要。
背丈：150〜200㎝以上
生育適温：22〜30℃
食べる部位：果実
別名：トウキビ、ナンバンキビ
花言葉：財宝、豊富、繊細、洗練

トウモロコシの驚くべき守備範囲！

野菜の中で「食べられない」という子どもが一番少ないのは、多分トウモロコシじゃないだろうか。サラダバーでもコーンを山盛りに盛っている子どもをよく見かけるし、コーンスープも大好きだ。映画館に行けばポップコーンは欠かせない。未熟な果実は野菜として食べられているが、乾燥したトウモロコシは穀物。パンや麺の元となる小麦やお米よりも生産量が多いなんて、日本人にはにわかに信じ難いが、一部の国ではトウモロコシの粉が主食。タコス、コーンフレークやバーボンウイスキー、油、家畜のエサ、近年では石油に代わるバイオ燃料、植物性プラスチックの原料としても食品以外にも幅広く利用されている。多くの作物は文明と大きく関わっているが、稲（米）はインダス文明や長江文明、麦類はメソポタミア文明やエジプト文明、大豆は黄河文明、ジャガイモはインカ文明、トウモロコシはアステカ文明やマヤ文明の発展を支えたといわれている。

そのモジャモジャのヒゲは何のため？

トウモロコシの一番上に雄花が咲き、雌花は茎の中腹くらい下がったところにある。この雌花は絹糸（けんし）という少しネバネバした糸状の雌しべをたくさんつけていて、風で飛んできた花粉がつきやすいようになっている。ただし、自分の雄花の

葉

細長く大きく伸び、葉のフチが波打つようになり、垂れ下がる。

タネ

雌しべの1本1本が受粉して実になる。1つあたり500～600粒がつく。完熟した実がタネとなる。

花

6～8月。写真は雄花。少しでも花粉を遠くへ飛ばすためにてっぺんに咲いて風に揺られる。

花粉がつくことはない。なぜならトウモロコシの雄花は雌花よりも先に咲き、雌花が絹糸を伸ばす頃には、もう上にある雄花は花粉をまき終えている。遅れて咲いた雌花は別の雄花の花粉を受け取り受粉する。こうやってトウモロコシは近親交配を防いでいる。

ポップコーンはトウモロコシのタネ

絹糸は1本ずつ、トウモロコシの粒と繋がっている。いわばトウモロコシの軸が母体で、タネが赤ちゃん、絹糸はへその緒だ。たまに実が歯抜けになっている部分は受精が上手くできなかったためだ。私たちが食べているトウモロコシはまだ未熟な実なので、それを乾燥しても芽は出ないが、ポップコーンとして売っているものを土に植えれば芽が出る。ポップコーンはトウモロコシのタネだ。ただし「爆裂種」という品種のタネなので、それを育てても私たちが食べているトウモロコシのような味にはならない。

畑の様子

露地物の旬は7〜9月。こんなに背丈が高くなるので、なかなかベランダで育てるのは難しい。

実り方

一株で数本の実るが、実を大きくするために早く摘み取ったものが「ヤングコーン」として食べられている。

トウモロコシで実験してみよう

「爆裂種」を味わってみる

ポップコーンを自分で作ってみよう。慣れたら砂糖を溶かしてキャラメルコーンを作ってもおいしい。

皮を乾かして、クラフトしてみる

麦の茎でヒンメリを作るように、トウモロコシの丈夫な皮を使ってクラフトしてみよう。上手く編めばコースターなどが作れる。

トウモロコシに似た植物

【アワ】

同じイネ科の雑穀。よく雑穀米などに入っている。昔は日本でよく食べられていた。同じ仲間にエノコログサ（ねこじゃらし）がある。

GREEN SOYBEAN

Glycine max

エダマメ ［枝豆］

マメ科

育てやすさ ♦♦♦

日本人には欠かせない「畑の肉」

夏にはエダマメ。
安くてボリュームのある、モヤシ。
豆腐、醤油、味噌、納豆になるダイズ。
いずれも日本食には欠かせない。
これらは全部、もとは同じもの。
日本人の食卓には欠かせない食材だ。

原産地：中国（東北部）
主な産地：群馬、千葉、山形、北海道、埼玉
旬：6〜10月
育て方：プランタでも栽培可能。日当りのいい場所。タネまき時、タネや発芽したばかりの双葉は鳥に食べられやすいのでネットなどをかける。
背丈：60〜80cm、生育適温：20〜30℃
食べる部位：芽、葉、茎、根
別名：あぜ豆、ずんだ、だだちゃ豆
花言葉：幸せは必ず訪れる

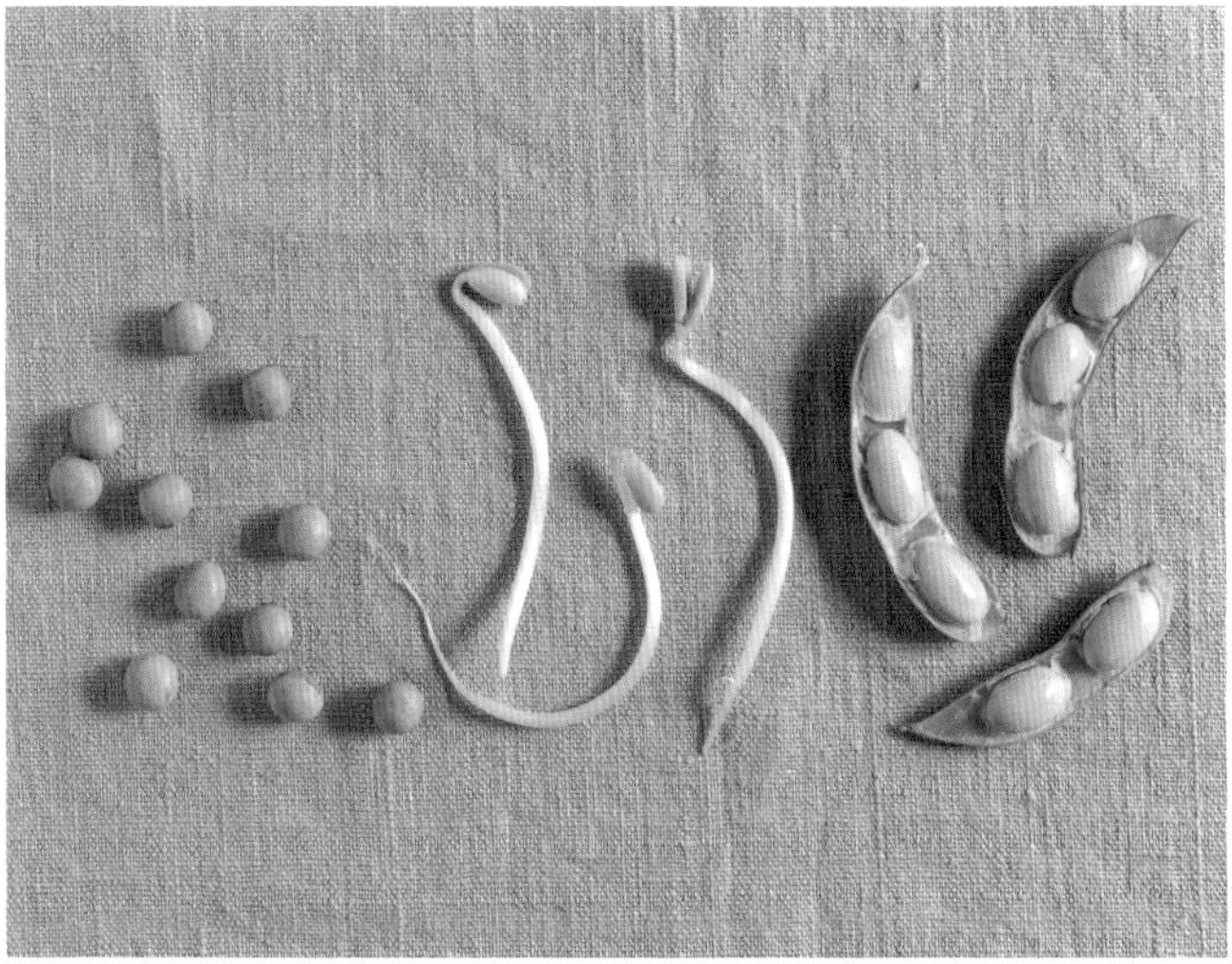

エダマメはダイズになり、ダイズはモヤシになる

エダマメはまだ未成熟な豆。枯れて乾燥すると熟してダイズになる。ダイズに光を当てずに一週間ほど育てるとモヤシになる。エダマメとモヤシは野菜で、ダイズは穀類だ。日本人の主食であるお米は完全栄養食といわれるほど、お米を食べているだけでさまざまな栄養が満たされる。ただ、お米に足りない必須アミノ酸のリジンを豊富に含んでいるのがダイズ。日本人がダイズを好み、味噌、醤油、豆腐、納豆と発展させていったのも、米との組み合わせによるもの。ところが今のダイズの自給率は10%以下。少し悲しい現実だ。

エダマメは枝についている方がいい

まだ未熟なエダマメを塩茹でするのは日本特有の食べ方。他の豆とは異なり、エダマメはたまに枝についたまま売られている。エダマメは枝についていてこそエダマメ。「枝豆」と書くように、枝から離れると、味が一気に落ちてしまう。ただ塩茹でするだけで、栄養抜群でおいしくヘルシーなのだからいいこと尽くしのせいか、最近では外国でもエダマメが食べられるようになってきた。冷凍エダマメも増えてきて、次第に枝付きは珍しい特別なものになるのかもしれない。

葉

葉の付け根に膨らみがあり、液圧の変化で葉が動く。開閉運動で日光の受け取り方を調整する。

タネ

エダマメが熟して乾燥したものがダイズ。エダマメは未熟なので土に埋めても芽は出ない。

花

5〜8月。つぼみの中に雌しべと雄しべがあり、花が咲くのと同時に自分の花粉で受粉する仕組み。

バクテリアと共存し、血のようなもので酸素を運ぶシステム

もし枝付きエダマメが手に入って、運良く根っこがついていたら、よく見てほしい。エダマメの根っこには小さなコブのようなものがついている。これは病気などではなく、「根粒菌」という共存関係にあるバクテリアの棲家だ。この根粒を切ると、血のようなものが出てくる。これは実際、人間の血と同じような役割をしている。エダマメが光合成で作った糖分を分けてもらう代わりに、根粒菌は窒素を取り込み、エダマメはそれを肥料にしている。ただ窒素を使うためにはたくさんの酸素を必要とする。そのためエダマメは人間の血のようなもので酸素を運ぶ能力を身につけた。人間の血にはヘモグロビンというものがあり、それが酸素を運んでいる。マメ科の植物はそのヘモグロビンに似た、レグヘモグロビンという物質を持っているのだ。

畑の様子

エダマメについた根粒菌が取り込む窒素を肥料にするため、やせた土地でも育つ。

実り方

密生させた方が実つきがいい。サヤや茎には産毛があり、乾燥しないように身を守っている。

エダマメで実験してみよう

ダイズを植えてみよう

売っているダイズを土に植えてみよう。水やりしていると1週間程で芽が出る。そのまま育てるとエダマメになる。

エダマメに似た植物

【ツルマメ】

マメ科ダイズ属。ダイズの原種といわれ、野原や道ばたに生えている。エダマメよりも小さいサヤをつける。

EGGPLANT

Solanum melongena

ナス［茄子］

ナス科

育てやすさ ◆◆◆

いろんな一面を持つ野菜

原産国であるインドでは白色が主流。
形も丸くて卵に似ているため、
「エッグプラント」と呼ばれている。
実がスベスベかと思えば、ヘタにはトゲがあり、
昔は高級野菜で、今は庶民的。
なかなかつかみどころのない野菜だ。

原産地：インド東部
主な産地：高知、熊本、群馬
旬：6～10月
育て方：プランタで栽培可能。日の当たる場所で大きいプランターに一株を植え、支柱を立てて茎を支える。
背丈：80～100cm、生育適温：23～30℃
食べる部位：果実
別名：ナスビ
花言葉：良い語らい、優美、つつましい幸せ

ナスはすごくいい例えと、悪い例えに使われる

ナスはいろんなものに例えられる。例えば悪口で「ボケナス」「おたんこなす」なんてことを言うかと思えば、初夢に見ると縁起がいい順番は「一富士二鷹三茄子」とも言う。昔、ナスは非常に高価な野菜の代表だった。江戸時代、徳川家康が隠居した駿河（今の静岡県）では、家康の好物だったナスを温暖な気候を生かして冬に作った。その初物のナスは1個1両（現在のお金で10万円ほど！）もしたという。駿河で一番高いのは富士山、二番目に愛鷹山、三番目にはナスという例えをし、庶民はお正月くらいナスを食べたいものだ、と思ったそうだ。

高級野菜から、誰でも簡単に育てられる野菜に

インドから渡ってきた奈良時代から江戸時代までずっと身分の高い人しか食べることのできなかった高級食品だったナスも、今では庶民の野菜。実際に育ててみれば分かるが、ナス科は家庭菜園の初心者でも、もっとも簡単に収穫できる野菜といっても過言ではない。トマト、ジャガイモ、ナス、ピーマン、これらはすべてナス科だ。平凡な親から非凡な才能をもつ子は生まれない例えに「瓜の蔓に茄子はならぬ」ともいうのは昔は

葉

葉には紫色の葉脈が入り、表裏とも細かい毛が密生してザラザラとした手触り。

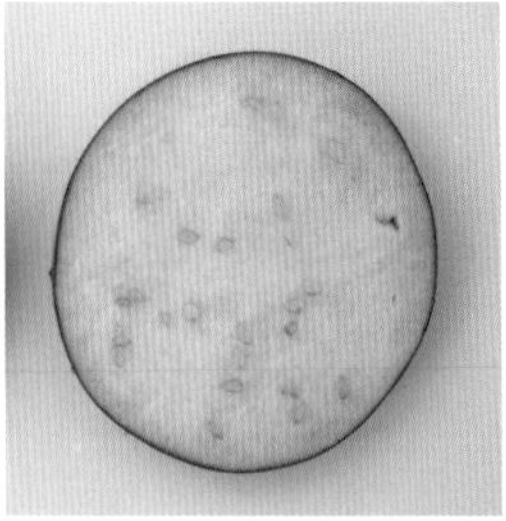

タネ

タネは薄い円形で黄褐色。一つのナスに、なんと500〜2,500粒も入っている。

花

5〜9月。花色は赤紫系で真ん中が黄色。多くの交配種があり花びらは5〜9枚とさまざま。

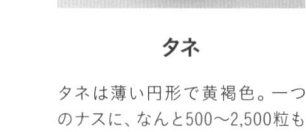

高価だったためだが、実際には栽培のナスは必ず優秀な遺伝子を残すという特徴がある。収穫量が多く、病気に強い、そんな掛け合わせを確実に残せる非凡な野菜なのだ。

スベスベした実のイメージに反して、トゲを持つ

お盆の時に「精霊馬」というキュウリの馬とナスの牛が供えられる。ご先祖様の霊が帰って来る時は馬に乗って早く帰って来てもらい、帰る時は牛に乗ってゆっくり景色を楽しんでほしいからだという。でもナスのヘタにはトゲがある。なかなかゆっくり景色を楽しんでもいられない。トゲがあるのは野生植物だった時の名残で、動物に食べられないように身を守っていた。ナス科は基本的に毒を持つものが多いく、チョウセンアサガオやタバコ、ジャガイモの芽など上げればキリがない。

畑の様子

露地物の旬は7〜10月だが、ハウスで通年作れる。水不足すると実がスカスカになる。

実り方

花が終わった場所に果実がつく。紫外線により色づくのでヘタの中は白い。

ナスで実験してみよう

ナスでリトマス試験液を作る

ナスの皮を集めて煮たら、青色から紫色の煮汁ができる。煮汁が冷めるまで待ち、瓶などに入れる。そこにレモン汁やお酢（酸性）を入れるとピンク色に、重曹（アルカリ性）を入れると青や緑色に変色する。

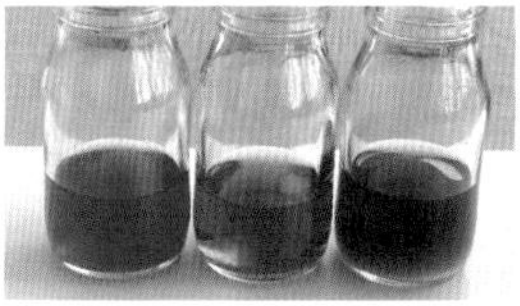

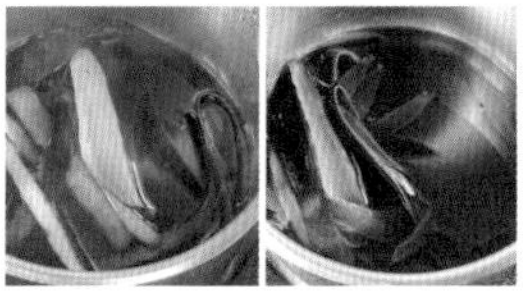

ナスに似た植物

【ワルナスビ】

軍手をしても刺が刺さるほど凶悪なトゲを持つ。またほんの少しでも根を残すと勝手に生えてくる上に、ミニトマトに似た実は猛毒だ。

BELL PEPPER

Capsicum annuum var. grossum

ピーマン［甘唐辛子］

ナス科

育てやすさ ◆◆◆

空っぽのクセに、苦いヤツ

子どもが嫌いな野菜といえばピーマン。それもそのはず、ピーマンはトウガラシを改良させて作られたもの。しかも、まだ未熟な実は苦み成分たっぷりだ。味が分からないように細かく切れば切るほど苦くなるので要注意。

原産地：熱帯アメリカ
主な産地：茨城、宮崎、高知、鹿児島
旬：7～9月
育て方：プランタで栽培可能。日の当たる場所で、こまめに水やりを行う。
背丈：20～30㎝、生育適温：25～30℃
食べる部位：果実
別名：西洋唐辛子（セイヨウトウガラシ）
花言葉：海の恵み、海の利益

それにしても、どうして中が空っぽなのか？

誰かをピーマンに例える時、それは「頭が空っぽ」「中身がない」という意味だ。よく考えてみれば、ここまで中身の入っていない野菜は他にないだろう。もし、ピーマンに中身がないことを知らなければ「ハズレ」かと思うほど見事な空っぽぶりだ。でも昔、ピーマンの中身は詰まっていた。ところがその中身はワタのようなもので食べられないため、取り除いて皮の部分だけ食べていた。それであればと、皮を厚く、中身が空っぽになるように品種改良させていったのだ。

ピーマンは辛みを抜いたトウガラシの一種

夏場にスーパーマーケットに行けば、必ず並んでいる夏野菜の一つ。育ててみると分かるが、ピーマンとトウガラシの葉や花はそっくりだ。ピーマンはトウガラシを改良させて作られたものだ。どうしてもピーマンの方が馴染み深いので、ピーマンからトウガラシを作ったのかなと思ってしまうが、意外なことに広まったのはトウガラシの方が先なのだ。ピーマンと学術的には同じものと分類されているシシトウガラシも辛い。トウガラシは英語で「チリ・ペッパー」ピーマンは英語で「ベル・ペッパー」または「スイート・ペッパー」という。漢字でもピーマ

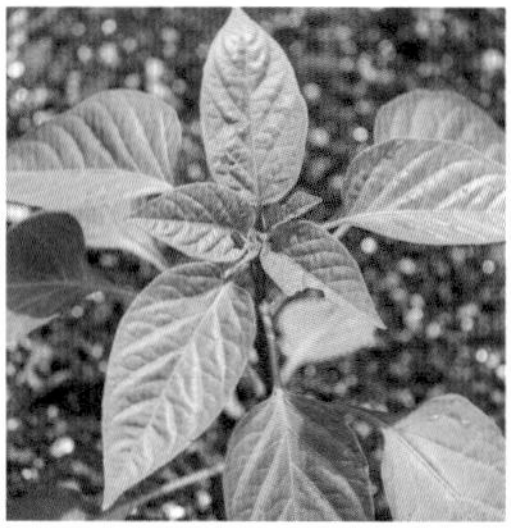

葉

スッとした形で葉は柔らかく、葉脈がクッキリ出ている。葉はトウガラシによく似ている。

タネ

タネは実の上の方に集まっている。切り方を変えてみると、どこについているか分かりやすい。

花

5〜9月。白い花で花びらは5〜7枚が多く、下向きに咲く。下向きなのは自家受粉しやすくするため。

ンを甘いトウガラシと書く。そしてピーマンも育てていくと最終的には赤くなる。ただトウガラシとは違って、赤い実は甘い。ちなみに「ピーマン」は英語ではないので外国で言う時は要注意だ。ピーはおしっこ、マンは男で、「おしっこ野郎」ということになってしまう。

血流を良くしてくれる優秀野菜

中身がなく、苦くて、あまりいいところがないように思われるピーマンだが、ピーマンにしかない栄養成分のピラジンは脳梗塞や心筋梗塞など高血圧の予防になる。その場合はなるべくワタを多めに入れるといい。またビタミンＣも豊富なので、大人にはもってこいの食べ物だ。少なくても薬を飲むより、おいしくピーマンを食べた方が100倍いいだろう。

実り方

ピーマンは花が終わった場所にできる。しばらくするとオレンジ色、やがて赤くなり甘くなる。

畑の様子

家庭菜園ではプランタでも充分に育てられる。早めの収穫を繰り返すと秋まで実をつけることも。

ピーマンで実験してみよう

丸ごと焼いて食べてみよう

刻むほど苦くなるピーマン。一度、バーベキューかオーブンで丸ごと焼いて食べてみよう。苦みがなくなって食べやすくなるはず。

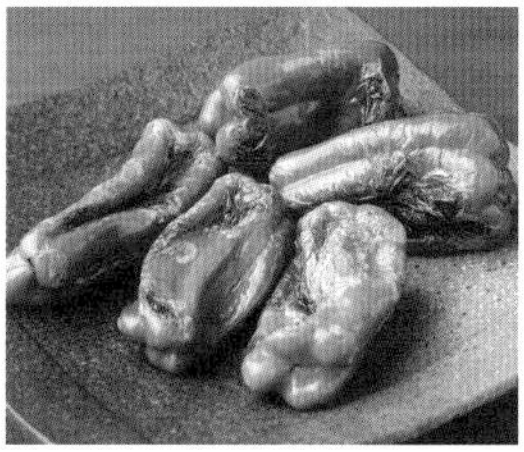

ピーマンに似た植物

【パプリカ】

パプリカもピーマンと同じく、ナス科トウガラシ属で、学名も同じことから分類上は同じものとされているが、スーパーマーケットではまったく別物。通称「カラーピーマン」とも呼ばれる。緑色のピーマンは未熟な状態で収穫されるが、パプリカは完熟した状態なのでピーマンより甘い。

CHILI PEPPER

Capsicum annuum

トウガラシ［唐辛子］

ナス科

育てやすさ ◆◆◆

その刺激的な辛さで世界制覇

「辛い料理」、と聞けば、大抵の人がトウガラシの入った料理を思い浮かべるだろう。おいしいとか、栄養豊富とか、食物繊維たっぷりとか、お腹を満たすため、なんていう、本来、人が野菜に求める目的を越えて、ただ「辛い」という1点の個性だけで、で世界中の食文化を一変させた魔性の野菜だ。

原産地：熱帯アメリカ
主な産地：栃木、大分、福岡
旬：7～10月
育て方：プランタで栽培可能で、収穫まで約1ヶ月程度。日のあたる場所で、こまめな水やりを行う。
背丈：60～80㎝、生育適温：25～30℃
食べる部位：果実
別名：鷹の爪、ナンバン
花言葉：旧友、雅味、嫉妬、生命力

世界の食文化を変えた「辛さ」

コロンブスの新大陸発見以来、ジャガイモやトマトなどが世界中に広まり、今では欠かせない食材の一つになっている。でも、それ以上に影響力が強かったのがトウガラシだ。コロンブスの航海の目的は、当時、金と同じほどの価値があったコショウを、インドからスペインまで持ち帰るため。ところが新大陸でトウガラシと出合い、それを持ち帰ると、瞬く間に世界中に広がり、世界の食文化を大きく変えていった。今では中国の麻婆豆腐やエビチリも、韓国のキムチも、イタリアのペペロンチーノも、その国の基本と言われるような料理に使われている。

赤い実はタネを運んでもらうエサのはずなのに…

植物が赤い実をつけるのは、今が甘くて食べごろとサインを送り、動物に食べてもらって自分のタネを遠くまで運んでもらうためだ。それなのにトウガラシは赤いくせにまるで食べられるのを拒むように辛い。辛みや苦みは毒の味にも近いため、動物が避けるのは当然。ところが鳥は違う。他の動物に比べると辛みや毒に強いようで、鳥しか食べられない毒を持つの木の実なども沢山ある。トウガラシもその一つ。鳥は空を飛ぶため、なるべく早く消化・排出して体を軽くしなくてはならない。タ

葉

ピーマンやパプリカに良く似た細長い柔らかな葉で、この状態で見分けるのは難しい。

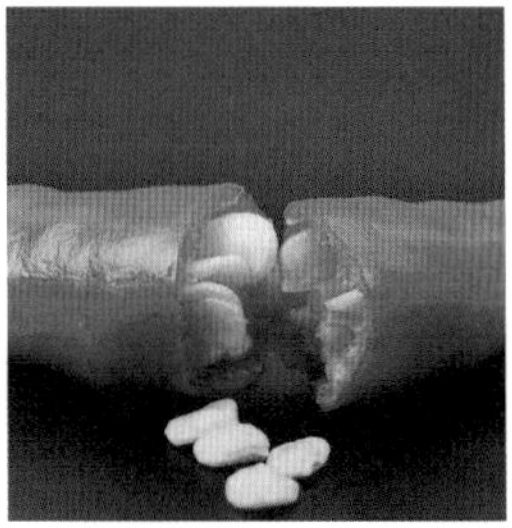

タネ

果実の中にたくさんの種が入っている。乾燥させたトウガラシからはタネを取りやすい。

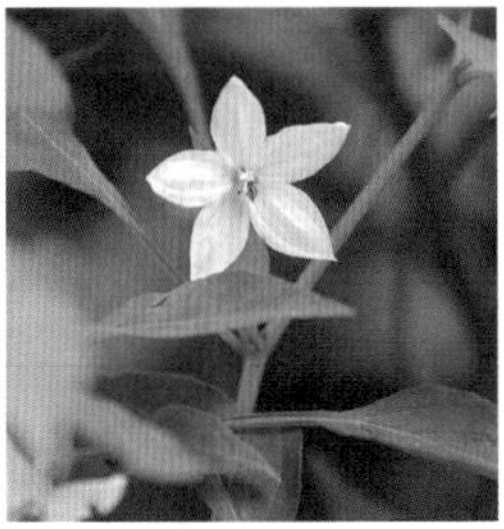

花

5〜9月に開花。白い花で花冠は5〜7裂が多く、やや下向きに咲く。

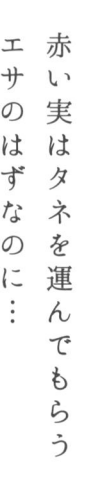

ネを少しでも広範囲に運んでもらいたい植物にとって、空飛ぶ鳥ほどパートナーに選びたい相手は他にいないだろう。下向きに咲いていた花の実が赤く上向きに実るのも鳥には見つけやすいからかもしれない。

辛みは、痛み。その後に押し寄せる快感でクセになる

人間が持つ味覚は、甘味、塩味、酸味、苦味、旨味の5つ。辛味という味覚はなく、辛味は刺激であり痛み。トウガラシに含まれるカプサイシンは体を刺激し、その異常を早く治そうと胃腸を活発にしたり、脳内モルヒネと言われるエンドルフィンまで出して体の痛みや疲労を和らげてくれる。だから人間はトウガラシに陶酔し、何度もそれを味わおうとするのだ。

実り方

花はうつむいて咲くが、花が終わった後にできる実は上向きに生える。色づきはまばら。

畑の様子

それほど背丈が高くならないのでベランダなどでも栽培可能。収穫も簡単だ。

トウガラシで実験してみよう

園芸スプレーを作る

野菜を育てる時にアブラムシやハダニなどがついて困る時、農薬を使わずに虫を寄せ付けない液体を作る。まず瓶にトウガラシをたくさんいれて、35度以上のお酒（ウォッカやジンなど）を入れて1ヶ月、暗い場所に置く。その液体を300倍に水で薄めて葉にスプレーする。目に入らないように注意。

トウガラシに似た植物

【ピーマン】

トウガラシはピーマンやパプリカの仲間のため、実がなる前の花や葉の状態はとても似ている。

【観賞用トウガラシ】

食用ではなく、あくまでもガーデンを彩る観賞のためのトウガラシなので食べられない。

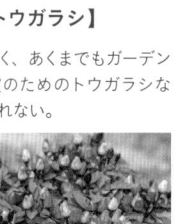

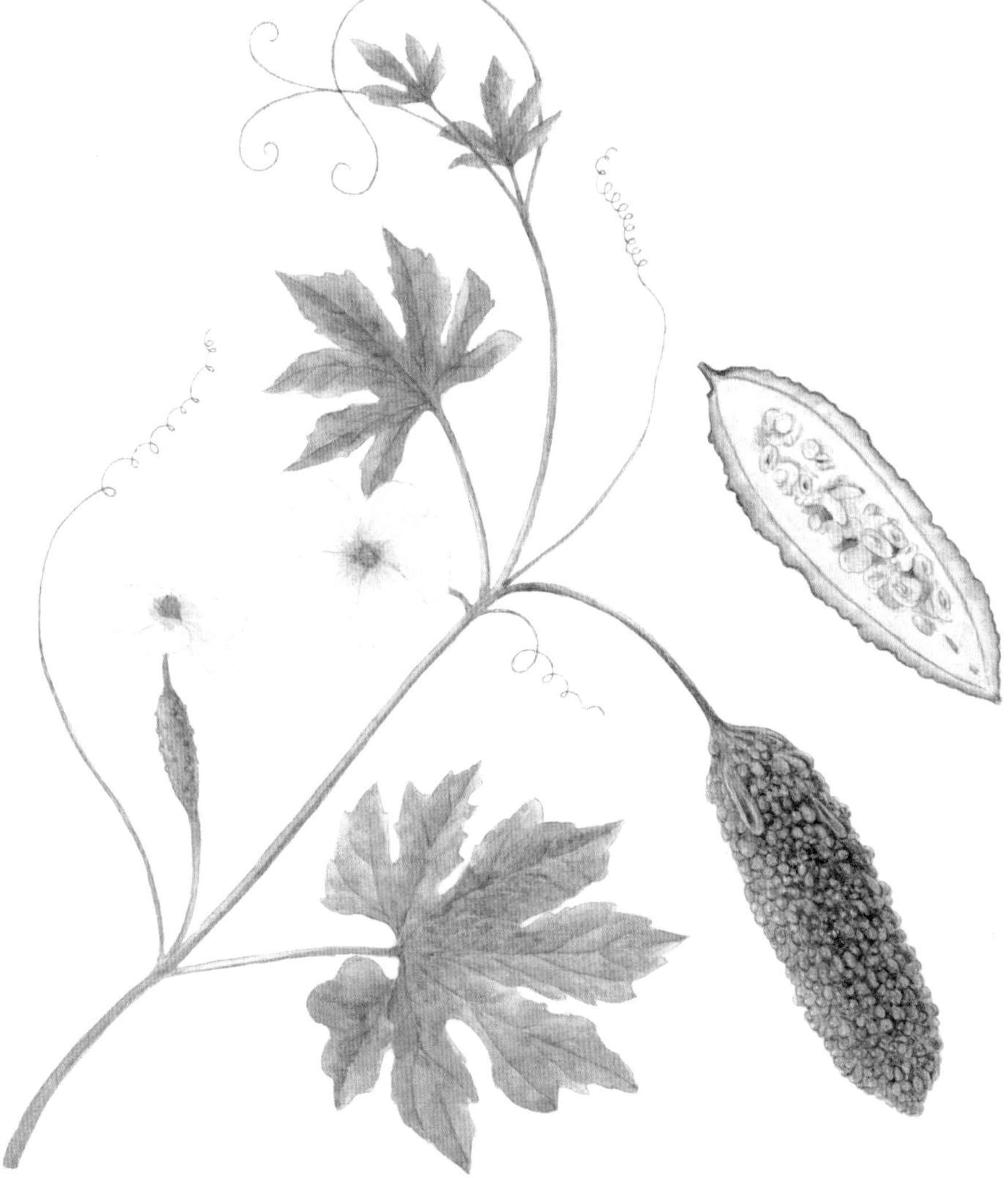

BITTER MELON

Momordica charantia

ゴーヤ ［苦瓜］

ウリ科

育てやすさ ◆◆◆

スピーディーでダイナミック！

植物の特徴は、動物と違って動けないことだ。だけど、ゴーヤは自ら素早くツルを伸ばし、自らベターな場所を選び、巻き付いていく。もし、時間があったら、10分ほどそこで宙に浮いたゴーヤのツルを眺めてみるといい。巻きつく様子を見ることができるだろう。

原産地：東インド、熱帯アジア
主な産地：沖縄、宮崎、鹿児島
旬：6〜8月
育て方：プランタで栽培可能。日当りのいい場所に植え付ける。支柱を立てて園芸用ネットを張る。
背丈：2m以上、生育適温：20〜30℃
食べる部位：果実
別名：ツルレイシ、ニガウリ、ゴーヤー
花言葉：強壮

苦みをおいしく感じるのはストレスのせい？

ゴーヤは別名ニガウリというだけあって、かなり苦い。なかのタネとワタを取り除いて、水にさらしてアクを抜いて炒めると、絶妙なアクセントになる。沖縄料理のゴーヤーチャンプルには欠かせない食材だ。夏バテにもいいが、ストレスが多く疲れていると苦みがおいしく感じられるそうだ。最近、苦みを好む子どもが多いのは、もしかしてそのせいかも？

呼び方もさまざまで定まらない

沖縄では「ゴーヤー」、それ以外の地域では「ゴーヤ」、図鑑などでは「ニガウリ」、園芸コーナーでは「ツルレイシ」など呼び方もさまざま。ゴーヤが食べられるようになったのは割と最近で、その昔は沖縄から持ち出し禁止の時期もあったそう。その理由はウリミバエという大害虫を日本全体に広めないようにしたため。今では根絶に成功し、ゴーヤを家庭菜園で楽しむことができる。農薬でも殺せないこの害虫をどう根絶したか。その方法とは受精能力を狂わせたオスのウリミバエをなんと大量にヘリコプターでばらまき（！）メスは卵が産めず何十年かけて根絶に成功したという斬新な方法。ゴーヤを食卓にのせるために、そんな壮大な計画があったなんて驚きだ。

葉

切れこみのある葉は互生し、葉と対に出るツルが周囲のものに巻きつき、茎を支えながらよじ登る。成長は早く1日に10cm以上も伸びることがある。

タネ

ふつうは緑色の未熟果を食べるが、熟すと黄色〜オレンジ色になり裂けたり破れてタネを落とす。タネの周りは真っ赤になり甘い。

花

6〜8月。黄色い花の下に小さな果実の形が見えるのが雌花。雄花より少し遅れて咲く。

熟したゴーヤは赤くて、甘い！

ゴーヤは手をかけなくても元気に育つ。夏の日差しを遮るグリーンカーテンとして窓辺に夏場は植えられている。生育が早く、ツルはみるみる間に何かに掴まり巻き付く。しかもよく見るとバネのように左右逆の巻き方をしていたりする。これでどちらから風などが吹いても、ツルが伸び縮みして簡単にはちぎれない仕組みだ。私たちが見慣れている緑色のゴーヤは、まだ未熟な青い果実。熟した状態は黄色から赤くなり、甘い。実際、昔は子どもはタネのまわりのゼリー状の部分をおやつにして食べていたそう。「今日のおやつはコレだよ」と笑顔で子どもに伝えたら、窓越しに熟れて爆ぜたゴーヤをもぎとって食べてみるのも案外新鮮かもしれない。ワイルドなおやつ。今年の夏、早速試してみては？

畑の様子

旬は7〜9月。最近では家庭菜園や公共の場で夏場に日除けに使われることも多い。

実り方

雌花の下の部分が大きく育って実になる。成長してくると表面のイボも目立つ。

ゴーヤで実験してみよう

オレンジ色になるまで育てて熟したら食べてみる

ベランダなどで育てたゴーヤを緑色で収穫せずに、いくつか放置してみよう。黄色からオレンジ色に変わったら爆ぜて、中から赤いタネが見える。タネのまわりの部分を舐めてみよう。

ルーペで表面を見てみよう

ルーペでゴーヤの表面を拡大してみると、まるで恐竜の背中のようだ。

ゴーヤに似た植物

【ヘチマ】

ゴーヤ同様に夏場に旺盛に育つ。花や葉も似ているが実は一目で違うと分かる。食べることもでき、放置してよく洗って繊維だけにするとヘチマのたわしができあがる。

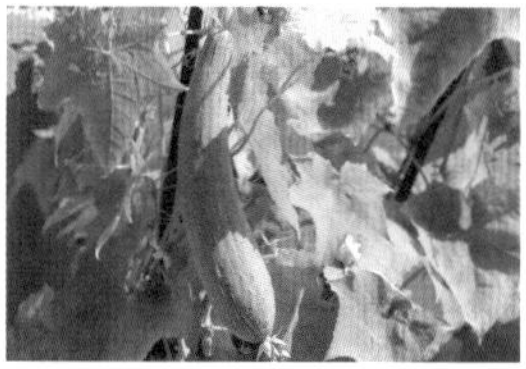

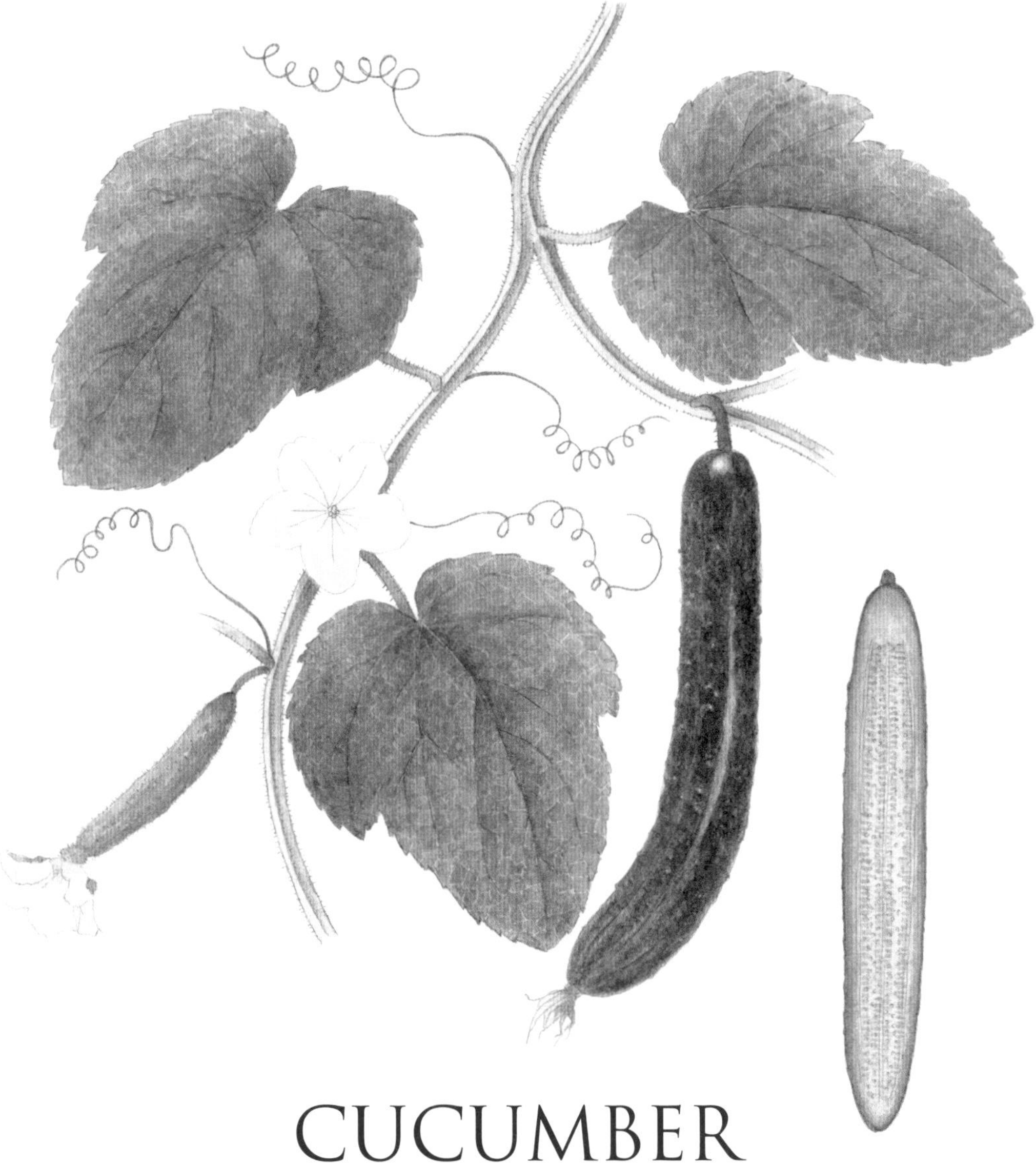

CUCUMBER

Cucumis sativus

キュウリ ［胡瓜］

ウリ科

育てやすさ ◆◆◆

まだ熟す前だから、細くて緑色

キュウリは細長くって、緑色。
そんなことは、どんな小学生だって知っている。
でも、本当は丸々と太っちょな黄色いウリだ。
私たちが食べているのは、
実はまだ、未熟で痩せっぽっちな
青い果実なのだ。

原産地：インド、ヒマラヤ山麓
主な産地：宮崎、群馬、埼玉など
旬：7～11月
育て方：苗から育てる。プランタでも栽培可能。
日当たりの良い場所で水切れ注意。
背丈：2m以上、生育適温：20～25℃
食べる部位：果実
別名：キウリ（黄瓜）
花言葉：洒落

キュウリは緑色ではなく、本当は黄色

キュウリの昔の呼び名は「黄瓜（キウリ）」。キュウリという名前に変化したのは、たんに呼びやすさのせい、と言われている。「キウリ、キウリ、キウリ…」と10回も言えば、そのうち「キュウリ」になっていることだろう。昔は他のウリ同様に丸々と太った状態の黄色い果実を食べていた。ところがそのうちマクワウリなど、もっとおいしいウリが出てきたため、試しに未熟な状態で食べてみたら案外おいしかった！という訳で緑色のキュウリを食べるようになった。試しにキュウリを栽培して食べ時を逃してみれば、オバケのように大きな黄色いキュウリと出会えるはずだ。

キュウリは一番栄養のない野菜？

キュウリの95％は水分でできている。そのせいか栄養のない野菜といわれている。けれどカロテンやカリウムなどが豊富で体内の水分調整にはピッタリだ。夏には熱中症予防にもなる。しかも野菜の中で最もカロリーが低いのも体型が気になる人には嬉しいところだ。

曲がったキュウリの方がおいしい？

葉

ハート型のような形。節からツルを交互に伸ばし、何かにつかまりながら成長していく。

タネ

中にタネがびっしり入っている。ただし完熟前なのでタネは未熟で発芽能力はない。

花

6～8月頃に黄色い花が咲く。雌雄異花で1本の苗で自家受粉できる。3cmほどの大きさ。

スーパーマーケットで売っている多くのキュウリは大体真っすぐだ。昔は曲がったキュウリは売れず、陳列棚や箱に合わせて、曲がったキュウリは流通しなかった。今は自然思考が広まり、曲がったキュウリの方が自然でおいしいなんていう人もいる。でも実際には味に形はあまり関係ない。水分量が多いキュウリは果肉が重いため、ほっといても重力である程度真っすぐに伸びる。また自然なものにはばらつきがあるもので、曲がったものもあれば、真っすぐなものもある。味が変わったというなら、むしろ他の改良による影響の方が大きい。昔のキュウリにはよくトゲがあり、白い粉みたいなものが吹いていた。でも最近のキュウリはスベスベして白い点々も見かけない。キュウリから出た白い粉状のものは農薬と勘違いされ、トゲも不評なことから改良され、今のキュウリからはほとんど見かけないが、味は昔の方が濃かった。味よりルックス重視なんて、少し悲しい。

畑の様子

家庭でも収穫できるが、ただし背丈が大きく育つので支柱とツルを誘引するネットが必要。

実り方

雌花の下の部分が成長して果実になる。全体にトゲ状の毛が密生。成長は非常に早い。

キュウリで実験してみよう

キュウリに塩を入れるとどうなる?

果実の95%が水分・・キュウリの水分を取り出してみよう。キュウリは半分に切り、中心の柔らかい部分をくり抜く。その中に食塩を小さじ2程入れる。しばらくすると、穴の中に水分が溜まる。

キュウリに似た植物

【ズッキーニ】

外見はキュウリと似ているが、カボチャの一種で、味も実り方もまったく異なる。

【冬瓜(トウガン)】

キュウリと同じ仲間。7～8月が旬の夏野菜。冬まで持つことから冬瓜と呼ばれている。

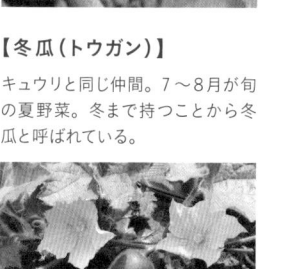

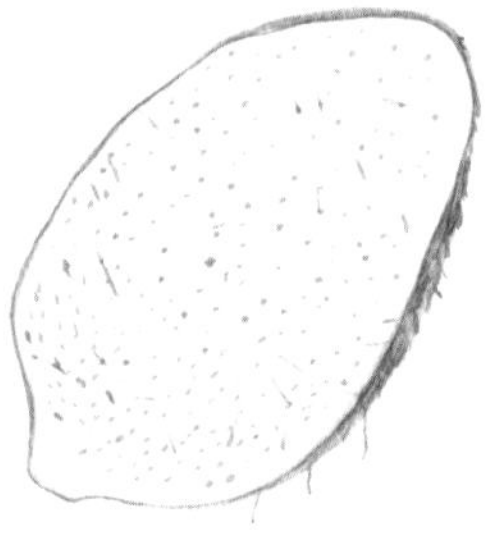

TARO

Colocasia esculenta

サトイモ［里芋］

サトイモ科

育てやすさ ◆◆◇

親と子と孫が一緒になる

サトイモは親イモの横に子イモがなり、子イモの横に孫イモがなる。仲良く一緒になることから子孫繁栄の象徴であり、日本最古の野菜とも言われる。山になるイモはヤマイモ、人が暮らす里のイモだから、サトイモだ。

原産地：インド、東南アジアなど諸説あり
主な産地：埼玉、千葉、宮崎
旬：8～12月
育て方：タネイモから植え付け。大型のプランターなら栽培可能。
背丈：1.2～1.5m、生育適温：25～30℃
食べる部位：地下茎
別名：タロイモ、田芋、小芋、畑芋
花言葉：繁栄、愛のきらめき、無垢の喜び

昔はイモといえば、サトイモのことだった

サトイモは日本人にとって、特別な野菜。縄文時代、サトイモはお米より先に日本に入ってきた。その名残なのか、お正月やお雑煮にはサトイモをよく使い、中秋の名月にはサトイモを供えることから芋名月とも呼ばれている。稲作が始まってから主食は米になった。それでもその頃はまだ「イモ」といえば、サトイモのこと。ところが次第に里山が減っていたように、サトイモもあまり食べられなくなり、現代に至ってはジャガイモやサツマイモなどに、イモの座まで奪われている。

まるで観葉植物のような立派な葉

サトイモの親イモは茎の真下に、大きくどっしりとした形。その横に丸く小さな形をしているのが子イモ。さらにその子イモの横にまた小さなイモができるから孫イモと呼ばれている。普段、売られているのは子イモか孫イモだ。そんなサトイモの葉は驚くほど大きく立派。南国ムード満点で雑貨屋さんや園芸店に置けば、オシャレな観葉植物として売り出せそうだ。それもそのはず、サトイモの生まれは東南アジア。大きな葉が左右に広がっている。普通ならば細かい葉をたくさんつけた方が効率良く日光を吸収できるが、森の奥深く、あまり光が当たらない環境では弱い光を逃さずに受け止めなければならない。サト

花

8〜9月。熱帯植物のため日本では普通は咲かない。ミズバショウのような黄色い花。

タネ

花の下に丸い果実が沢山つくが、日本ではあまり咲かないので、タネイモを植える。

葉

1mを超えるような長い葉柄を伸ばし、葉の大きさは30〜50cmのハート型。葉の表面は水を弾く。

イモの先祖は熱帯雨林のジャングルで大きな葉をまるでパラボラアンテナのように広げ、必死に光を受け止めようとしていたのだ。

水をはじく特別な構造を持つ

雨がたくさん降る場所では葉は腐りやすい。まして大きな葉となればなおさらだ。けれどサトイモの葉は水を弾く。例えるなら撥水性の高い傘のように、サラッとしてツヤ消しされたような質感。ツヤツヤの葉の方が水を弾きそうな気がするが、傘だってツヤのあるビニール傘には雫がくっつくが、サラッとした質感の傘の方が水をはじいて残らない。拡大してみるとサトイモの葉の表面にはロウのような透明な球体の粒が並んでいる。サトイモの葉とよく似た質感にハス（レンコン）の葉があるが、この水をはじく仕組みを「ロータス（ハスの花）効果」と言う。

実り方

親芋を囲むように子芋ができる。芋の部分は地下で茎が肥大したもの。

畑の様子

よく畑の隅でこんな光景を目にする。この大きな葉の下に里芋がなっている。旬は10～12月。

サトイモで実験してみよう

観葉植物みたいに育てる

スーパーマーケットなどで買ってきたサトイモを植木鉢に入れて育ててみよう。上手く育てられれば部屋のインテリアに使える。

サトイモに似た植物

【クワズイモ】

クワズイモの名は「食わず芋」からきていて食べられない。葉の質感も違い、サトイモの葉よりも、プラスチックっぽい。

PUMPKIN

Cucurbita maxima

カボチャ［南瓜］

ウリ科

育てやすさ ◆◆◆

しぶとく丈夫で、ワールドワイド

カボチャといえば、昔は煮付けなど
おばあちゃんのお惣菜という雰囲気だったが、
今ではすっかり、ハロウィンのシンボル、
ジャック・オ・ランタンで有名だ。
日本では冬至にカボチャを食べるといいと
言われてきたが、
今ではすっかり秋の味覚の一つに仲間入り。
でも本当は真夏に収穫している。

原産地：中央アメリカ（日本カボチャ）、南アメリカ（西洋カボチャ）
主な産地：北海道
旬：10～1月（収穫は8～10月）
育て方：日の当たる畑などに苗から植えつける。ヘタにコルク状のひびがたくさん入ったら収穫時。
背丈：150cm、生育適温：20～25℃
食べる部位：果実
別名：南京（ナンキン）、唐茄子（トウナス）、唐瓜（カラウリ）
花言葉：広大、見せかけを飾る

なぜカボチャはシンボルに選ばれたのか？

カボチャは硬くて丈夫。とても立派で育てるのが難しそうな野菜に思えるかもしれないが、意外と簡単で、ほっておいてもどんどん育つ。なんなら捨てたタネから群生して生えるくらいのしぶとさがある。だからこそ、シンデレラの物語で馬車に抜擢されたのだろう。そのへんに転がっているカボチャと、そのへんにいたネズミで、ボロボロのシンデレラをステキに大変身させて、舞踏会へ行き王子様と出会うからこそ、そのギャップに夢がある。ハロウィンのジャック・オ・ランタンは、最初、カブだったらしいが、アメリカに伝わった際、手に入りやすいカボチャに変わったらしい。つまり、どこにでもある平凡な野菜だからこそシンボルに使われたのだ。

ツル性の植物ならではの繁殖力

カボチャは丈夫な葉と茎を横に伸ばし、さらにツルを伸ばしていく。ツル性の植物は大体、しぶとく早い期間で大きく育つと思って良い。時間をかけて真っすぐ太く直立した植物は一見丈夫そうでも風でボキッと折れてしまえば終わりだが、ツル性の植物は直立を諦め、ひょろひょろと壁や地面に寄りかかりながら成長のエネルギーを効率よく使っている。カボチャは実とタネは硬く丈夫。そこにエネルギーを費やしているのだ。

葉

大きく丈夫な丸い葉が、真夏の日差しや雨から実を守るように覆い繁る。

タネ

実の中にタネがびっしり入っている。植える場合はタネを洗わないと発芽しない。

花

5～8月。黄色く大きな花。雌花の下には丸いものがあり、これがカボチャになる。

収穫後、何カ月も常温保管できる

カボチャの実は収穫してから数ヶ月は日持ちする。むしろ時間を置いた方が甘くおいしくなるほどだ。だから真夏に収穫したカボチャを冬に食べることができる。魚などと違い、野菜や果物の場合、新鮮なほどいいとは必ずしもいえない。昔は長期保存できたカボチャは貴重な食料だ。しかも食べ応えも栄養価も高い。スープにも、おかずにも、デザートにもなる。そんな便利さから世界中に広まったカボチャだが、何でも冷凍保存できる今ではあまり昔ほどのありがたみはないのかもしれない。でも今ではハロウィンでカボチャを使ったり、健康ブームでカボチャのタネがスーパーフードともてはやされつつある。カボチャはいつの時代も、どこでも、しぶとく生き残っていけそうだ。

畑の様子

傷まないようにネットやワラを敷いて6～9月に収穫。保存して冬まで出荷する。

実り方

雌花がしぼむと、その下にある丸みが実となり、どんどん膨らんで成長していく。

カボチャで実験してみよう

タネをいろんなものに植えてみる

カボチャを食べる時に捨ててしまうタネをよく洗ったら、いろんなものに入れて水をかけて芽が出るか試してみよう。写真で試してみたのは毛糸、スポンジ、キッチンペーパー、破いた紙。すべてで芽が出た！

カボチャのタネを食べてみよう

タネを植えずに食べる方法もある。洗ってローストすると食べられる。

カボチャに似た植物

【バターナッツ】

アメリカではポピュラーなカボチャの一種。ポタージュなどに向いている。

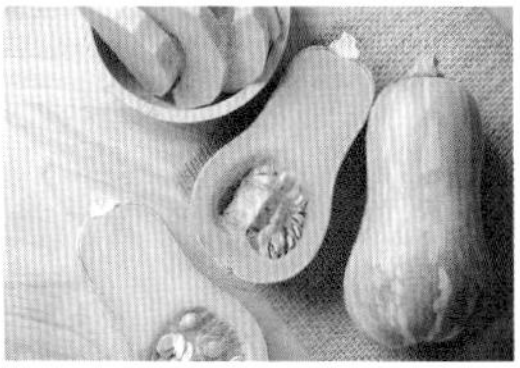

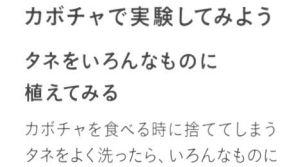

SWEET POTATO

Ipomoea batatas

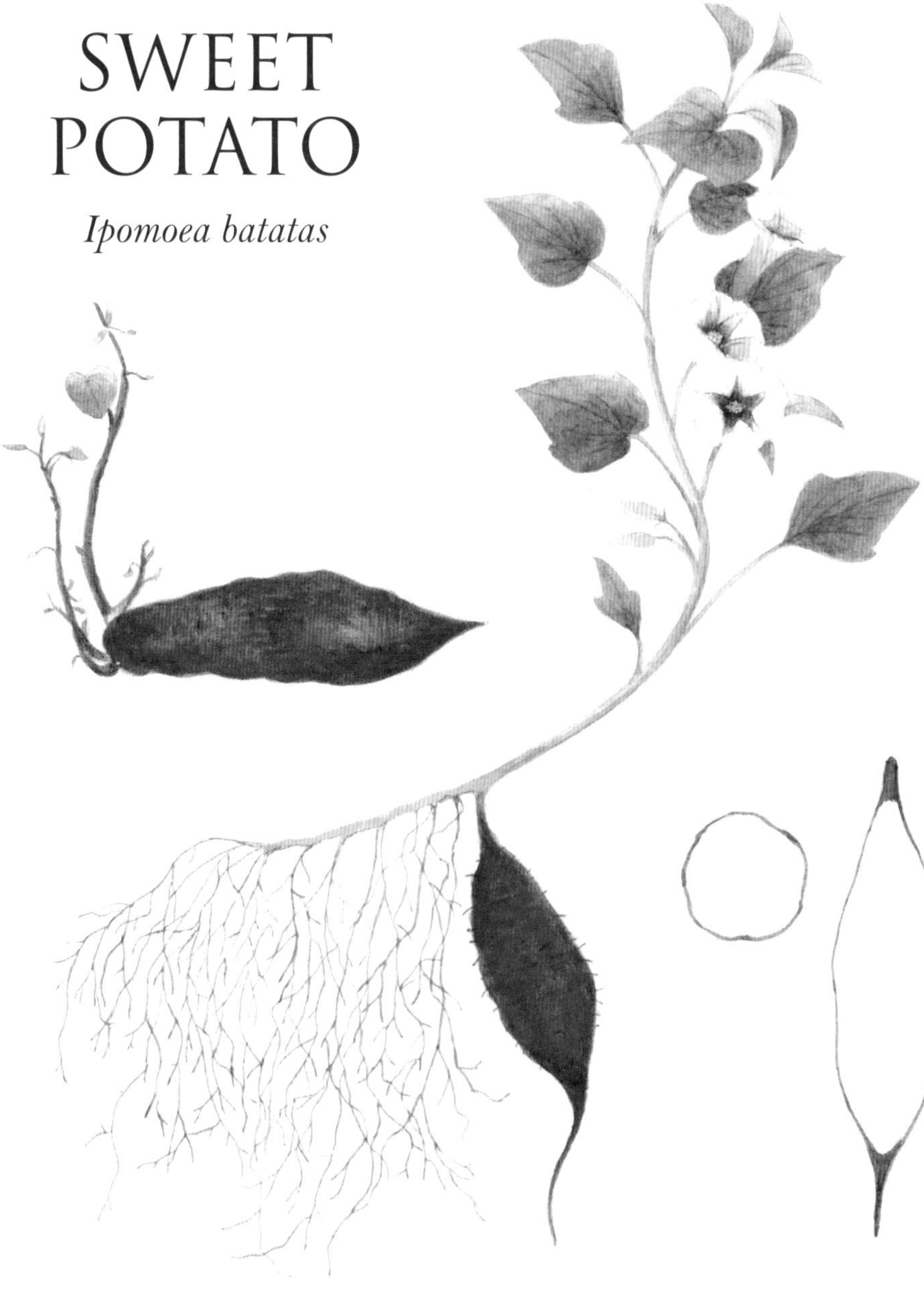

サツマイモ［薩摩芋］

ヒルガオ科

育てやすさ ◆◆◆

どの世代にも、思い出がある

サツマイモは子どもにも、大人にも、
馴染み深い野菜の代表。
小さな子には、芋掘りの楽しい思い出。
若い女子には、焼き芋スイーツのブーム。
高齢者には食料難で食べた苦い思い出。
とにかく日本人には欠かせないイモなのだ。

原産地：中央アメリカ
主な産地：鹿児島、茨城、千葉、宮崎
旬：10～1月（収穫は9～11月）
育て方：プランタでも栽培可能だが畑の方がベター。さし苗を植えて育てる。
背丈：30～40㎝くらい、生育適温：20～25℃
食べる部位：根
別名：カンショ
花言葉：乙女の純情、幸運

戦争中の食糧難を救った野菜

サツマイモほど世代でイメージが違う野菜もなかなかないだろう。食べ物は記憶と深く結びつく。子どもにとってサツマイモは芋掘りの楽しい思い出や、おいしい思い出ばかり。若い女性にはダイエット中でも食べられるヘルシーなスイーツ。でも高齢者になると「一生食べたくない」「苦手」という人が多い。普段は何でも好き嫌いせず食べるのに、何故かといえば、戦中・戦後の食料難の時代に、とにかく毎日食べた記憶があり、その当時のサツマイモは味もあまり良くなかったためだ。サツマイモを見ると戦争の暗い思い出も甦るのだろう。その頃は学校も家の庭も、土があるところは掘り返されて、サツマイモがあちこちに植えられていた。

焼き芋ブームは何度もあった

戦争時はとにかくお腹を満たす目的のサツマイモだったが、今のサツマイモは当時のものと違って、とても甘くておいしい。特に焼き芋にすると、甘さも際立つ。ずっと昔、江戸時代の庶民も焼き芋が大好きで、屋台もたくさんあった。何度となくあった焼き芋ブームは、今も真っ只中だ。スーパーマーケットやコンビニなどにも焼き芋が売られている。また、安納芋、べにはるか、鳴門金時、シルクスイートなど、昔と比べて甘い品種が

葉

畑一面がハート形の葉で覆い尽くされる。この葉が枯れてきた頃が収穫の合図。

タネ

花が咲けばアサガオのようなタネがとれるが、普通は写真のような茎の苗を植える。イモからも増やせる。

花

8〜9月。花をつけることは珍しい。アサガオによく似ているが小さめ。色は淡赤紫色系。

増えてきたのも、今の焼き芋ブームの要因の一つだろう。

花と葉を見れば、何の植物の仲間か分かる

家庭菜園などをしない人でも、子どもの頃にサツマイモを幼稚園や小学校で植えた経験があり、大体、どんな苗かを知っている。「こんな萎れた葉っぱの切れっ端でいいの？」と思わなかっただろうか。それに土をかけるだけで魔法のようにサツマイモはできる。ところでサツマイモの葉は何かに似ている。そして運良く咲いた花を見ることができれば、何の仲間かに気づくだろう。アサガオだ。サツマイモはアサガオと同じヒルガオ科。似た植物同士で接ぎ木ができるが、サツマイモにアサガオを接ぐことができ、上はアサガオ、下にはサツマイモという不思議な植物ができる。

畑の様子

高温や乾燥に強く、やせた土地でもよく育つ。育てやすく、手入れも収穫も簡単だ。

実り方

地中浅い部分にたくさんイモがなる。残ったイモや茎からもまたイモがなる。

サツマイモで実験してみよう

サツマイモ盆栽を楽しむ

お皿にサツマイモを乗せて、水を張るだけで、葉が伸びていく。

サツマイモに似た植物

【ヤーコン】

見た目はサツマイモにそっくり。でもキク科で、味や食感はナシに似ている。

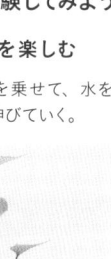

PEANUT

Arachis hypogaea

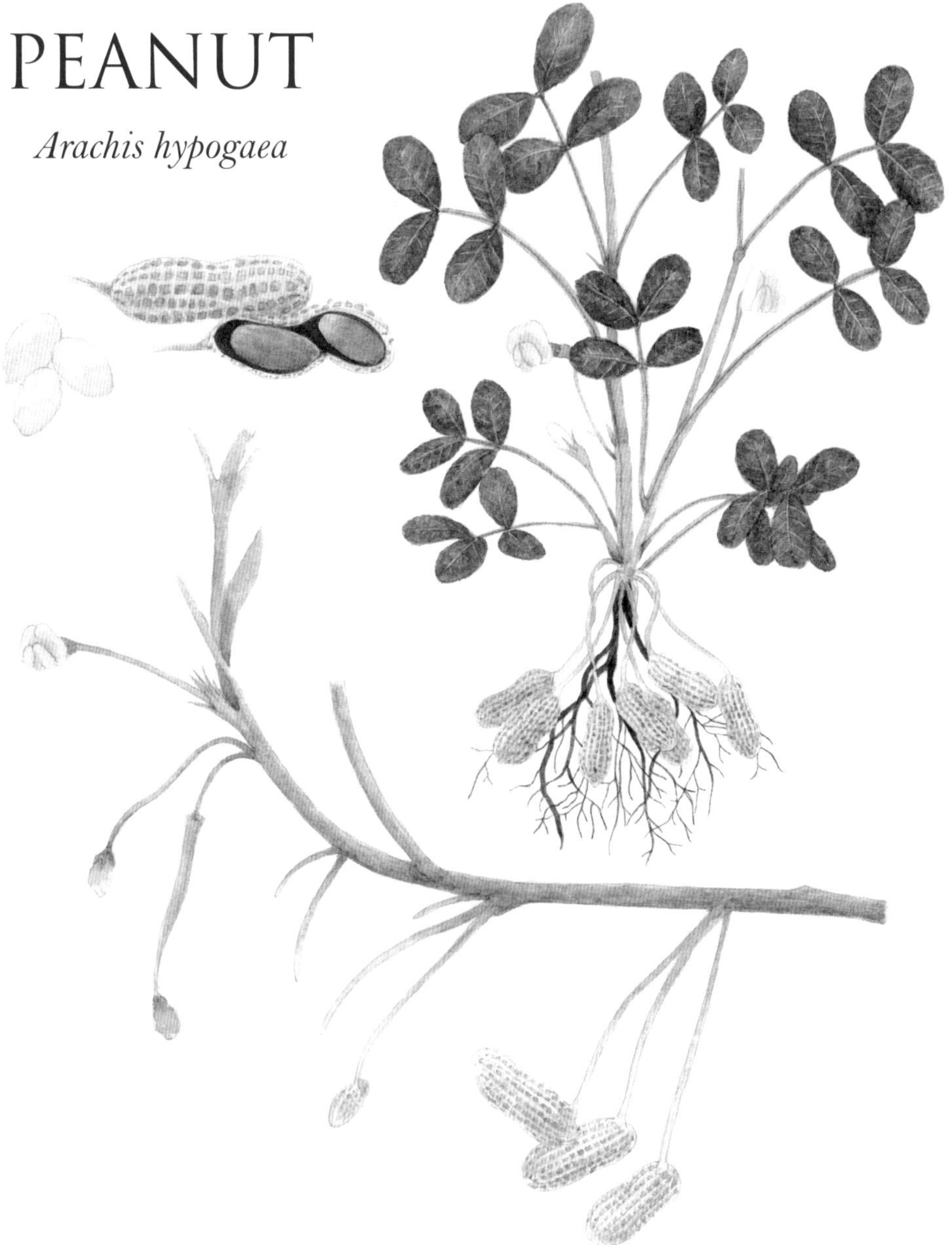

ラッカセイ［落花生］

マメ科

育てやすさ ◆◆◆

原産地：南アメリカ
主な産地：千葉、茨城
旬：10～11月
育て方：苗から購入し、プランタでも収穫可能。日当たりの良い場所で収穫まで一ヶ月
背丈：20～30㎝、生育適温：25～28℃
食べる部位：果実
別名：ジマメ、ナンキンマメ
花言葉：仲良し

ラッカセイの奇妙な行動

ラッカセイは「落花生」と書く。
それは花が落ちたところに
新しい命が生まれるからだ。
ラッカセイは土の中に
頑丈な殻に守られたタネを作る。
マメ科の中でも、とても変わった個性派だ。

ピーナッツは、ナッツじゃない！

野菜といえばヘルシー。でもラッカセイは脂質が多く、野菜界屈指の高カロリー。高タンパクで必須アミノ酸を含み、抗酸化作用の高いビタミンEやコレステロール値を下げるオレイン酸も豊富に入っている。大体、ラッカセイを野菜と思っている人の方が少ないだろう。英語ではピーナッツと呼ぶが、ピーは「豆」、ナッツは「木の実」の意味。殻が木の実のように堅いせいか、大抵ナッツとして売られているが、ラッカセイは豆だ。それを忘れていない地域もある。北海道、宮崎、鹿児島など一部の地域では節分の豆まきで殻付きの落花生をまくという。

変わり者すぎる、その不思議な生態

ラッカセイは他のマメ科の植物のように地上に実らない。花が咲き終わった後、その先が下の方に伸びて、地面に突き刺さる（！）。そしてさらに地面の中に潜り込んで、土の中でサヤを作るのである。次元の異なる変わり者だ。私たちが食べている部分はタネそのものなので、茹でたり、炒ったりしたものでなければ、まけば芽が出る。そこで疑問になるのが、何故、わざわざ土の中で殻付きのタネを作るのかということ。普通、硬い殻は外敵から身を守るためだ。しかも他の植物は少しでも遠くにタネを広げようとしていたのに、ラッカセイのやり方では

葉

マメ科らしい小さく丸みのある葉が覆いしげる。日光を浴びて地下のタネにエネルギーを送る。

タネ

血管のようなデコボコし丈夫なサヤに包まれている。タネの皮は赤色。

花

7〜8月に黄色い蝶のような形の花を咲かせる。早朝に開花し、夕方にはしぼむ一日花。

テリトリーを広げることができないように思える。どうしてこんな戦略をとっているのだろう？

あの独特な殻に込められた秘密

ラッカセイの原産地はアンデス山脈の麓の乾燥地帯。灼熱の太陽からタネを守る必要がある。そこで硬い殻を地中に埋めた。時折起こる大雨は濁流となって流れ、ラッカセイのサヤは遠くへ流される。殻は硬いが、中に空洞があり、殻もコルクのような素材で軽いので、水に浮かんで流れやすい。野生の頃のラッカセイはこうやって分布を広げたと考えられている。殻のシワシワの筋は水や栄養分を送る管。マメは芽を出すための栄養タンクのようなものだからこそ栄養素も高い。双葉を出せば鳥などに狙われるため、ラッカセイは目立たないように地面スレスレの場所で発芽する。厳しい環境の中、ラッカセイはかなり特殊な進化をとげたのだ。

畑の様子

葉を引き抜いて収穫。湿気てカビたりしないように、株ごと数日干す。

実り方

花が終わると、花の付け根の子房柄というものが伸びて地中に潜っていく。その先端でサヤとタネが成長する。

ラッカセイで実験してみよう

火がつくかな？

ラッカセイはとても油分が高い。火がつくほどだ。試しに安全な場所で燃えないものの中に入れて火をつけてみよう（子どもが実験の場合は必ず大人と一緒にやること）。

ラッカセイに似た植物

【アーモンド】

スーパーマーケットで売られる時には、似たものとして扱われるが、まったく異なる。アーモンドは樹木になるナッツ。花も生態も実もまったく似ていない。

KONJAC

Amorphophallus konjac

コンニャク［蒟蒻］

サトイモ科

育てやすさ ◆◇◇

果たしてこれは一体何か

コンニャクはイモからできている。
あのグミのような食感。
でもそのイモ自体を食べることはなく、
私たちが食べているのは加工品だ。
野菜でもない、イモでもない、
コンニャク。よく考えれば不思議な食べ物だ。

原産地：インドシナ半島
主な産地：ほとんど群馬で栽培
旬：10〜11月
育て方：強すぎる光と強風が吹き付けない場所で育てる。掘り起こして一度植え替える。
背丈：70〜150cm、生育適温：13℃以上
食べる部位：地下茎
別名：英語では「悪魔の舌」「ゾウの足」
花言葉：柔軟

コンニャクはイモからできている

冬に欠かせないおでん。そのおでんに欠かせないコンニャク。このコンニャクはサトイモの仲間のコンニャクイモというイモからできている。できていると言っても、イモの風味や食感はほとんどしない。そもそもこのコンニャクイモはそのまま生で食べられない毒性の強いものだ。イモに含まれる成分のマンナンを粉末化し、凝固したものがコンニャクで、約97％が水分でできている。栄養価がほとんどないことからコンニャクがダイエット食品としても利用され、女性には馴染み深い。

コンニャクは世界最大の花の仲間

コンニャクといえば、精進料理など日本ならではのイメージで、イモの見た目も地味だが、花は信じられないほど過激な形をしている。ミズバショウやカラーの花のように筒状になった1枚の花びらのようなものの中から、濃い赤紫色の物体が高く真っすぐに伸びる。この付け根には雄花と雌花をつけ、腐った肉のような臭いも特徴的。受粉のために選んだ虫はハエや甲虫たち。コンニャクの仲間には、世界最大の花「ショクダイオオコンニャク」（花の高さ1～3ｍ）や、世界一背が高い花と言われる「アモルフォファルス・ギガス」（高さ3～4.5ｍ）などがある。葉も変わっていて、一見複数の葉ででているようで、

葉

何枚もの葉があるように見えるが、葉はつながっていて一枚だけの葉でできている。

タネ

開花後、緑色の果実が粒状になり、熟すと橙色に変わる。花が咲くと子イモができない。

花

大株にならないと花をつけないので、なかなか見ることはできない。かなり驚きの見た目だ。

全部1枚でつながっている。

栽培は案外難しく、デリケート

コンニャクイモは葉にキズがついただけで病気になってしまうほど、デリケートな植物。強い日光が当たる場所や、強風が吹きつけるような場所、水はけの悪い場所、酸性土壌でも上手く育たない。案外、こんな見た目の割に弱いのだ。育てる時にはタネイモを4～5月頃植え付けし、葉が枯れて倒れた11月頃に一度掘り上げる。掘り上げた芋を乾燥させ、新聞紙に包んで、風通しがいい13℃以下にならない場所で保管して、翌春にまた植え付ける。いくらコンニャクは胃腸をキレイにする、と言われていても、こんな大変な思いをしてまでできた芋から栄養のないコンニャクを作るなんて途方もない話だ。

畑の様子

ほとんど樹木のように見えるが、これがコンニャクの成長期の畑。この葉が枯れるとイモを掘り起こす。

実り方

土の中にできたイモが大きくなると子イモができる。子イモを収穫して、翌春にまた植え付ける。

コンニャクで実験してみよう

手作りのコンニャクを作ってみよう

コンニャクイモ1kgをよく洗い、芽を取り除いて輪切りにして箸が刺さるまで茹でる。茹でたら皮を剥き、ぬるま湯3.2ℓと剥いたイモを5回に分けてミキサーにかけて40分置く。別の器でお湯150mlに精製ソーダ40gを入れて溶かし、ミキサーにかけた芋と混ぜ合わせたら、型に入れて2時間置く。最後に熱湯でできたコンニャクを煮て完成。

コンニャクに似た植物

【マムシグサ】

同じサトイモ科の植物。山の中などに生える。葉にも芋にもすべてに毒性があり、稀に食中毒で死亡事故もあるほど。

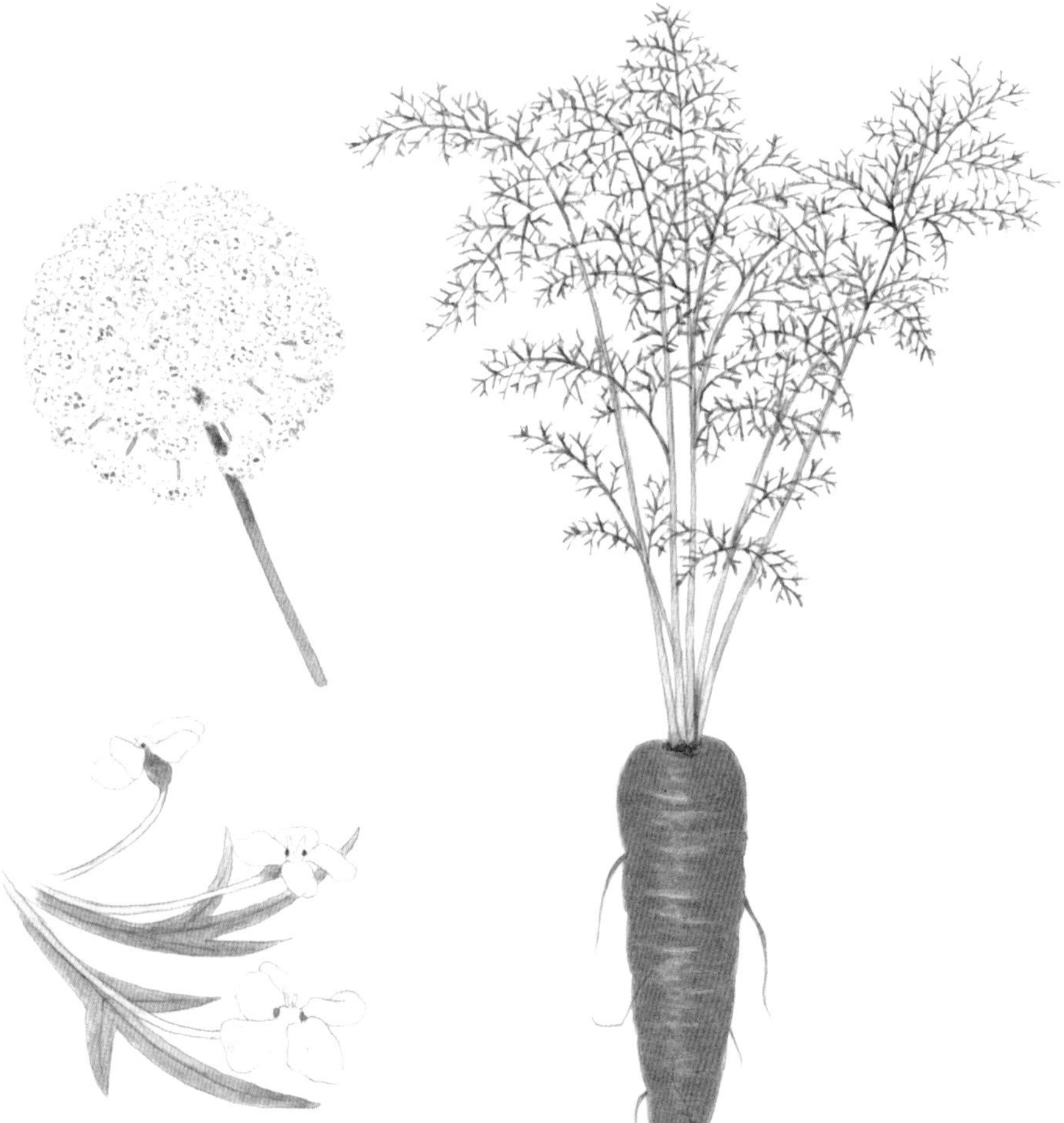

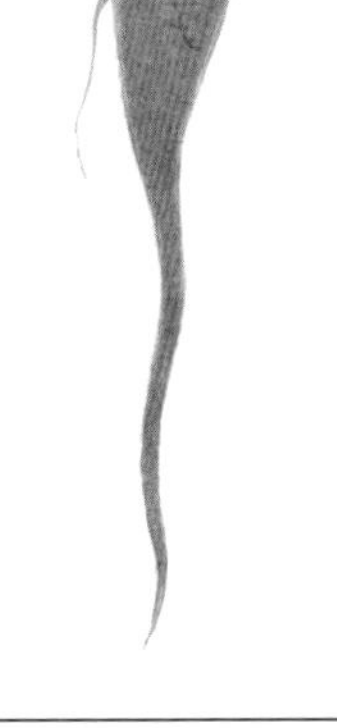

CARROT

Daucus carota

ニンジン［人参］

セリ科

育てやすさ ◆◆◆

緑黄色野菜の王様

カロテンやビタミン類や鉄分が多く含まれ、
栄養豊富で、1年中使われる根菜の代表。
ニンジンを縦に切ると、大地の栄養を
吸い上げたるための管のような筋が見える。
色鮮やかで、おまけに安価なせいか、
大抵のスープには入っているし、
型抜きでお弁当の飾りにされることもある。

原産地：アフガニスタン
主な産地：北海道、千葉、徳島
旬：10～12月、4～7月
育て方：プランタで栽培可能。日の当たる場所。間引きを行う。
背丈：30㎝、生育適温：16～20℃
食べる部位：根
別名：セリニンジン
花言葉：幼い夢

ウマはニンジンが好きじゃない!?

ニンジンといえば、馬やウサギの大好物というイメージがある。ウサギのイラストには大抵ニンジンが描かれているし、「馬の鼻先にニンジンをぶら下げて走らせる」なんてやる気を出させるご褒美に例えて言ったりもする。動物園でもウサギや馬の餌やり体験ではニンジンを渡される。でも大抵の馬やウサギはニンジンよりも、キャベツやリンゴの方が好きだ。ニンジンはセロリ、パセリ、クミン、コリアンダーなどと同じセリ科で、かなり香りが強い。ウマやウサギでも食べ慣れない場合には避ける場合もあるほどだ。

ニンジンの花は可愛い！甲虫の仲間のレストラン

ニンジンの花はレースフラワーのように可憐で美しい。この花にはアブやハチなどはもちろん、コガネムシやハナカマキリといった甲虫が蜜を吸いに来る。アブは黄色い花を好み、近場の花の蜜を手当たり次第に吸う。ミツバチはピンクや紫色の花を好む。それはそういった花は大抵、受粉のパートナーとしてミツバチに来てほしいため、わざと蜜に辿り着きにくいよう複雑な形にしていることが多い。それに比べると甲虫類はあまりハチのように器用ではなく、飛ぶのもどちらといえば苦手で、

葉

細かく切れ込んだ小さな葉が茎の両側に広がる。葉はパセリのように使える。

タネ

非常に小さく細長い楕円形。本来は毛が生えているが、売られているタネには毛がない。

花

5〜6月。収穫せずにおくと1mほどに伸び、小さな白い花が傘のような形になる。

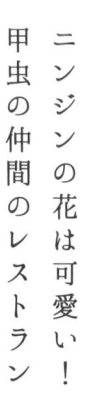

ノシノシと歩くイメージ。体も重いので逆さまにぶら下がって蜜を吸っていたら落ちてしまう。だからニンジンの花のような台のようになっている足場のある花を好む。

ルーペで見ると面白い、タネの不思議

ニンジンのタネは信じられないほどに小さい。売っているタネは毛がないが、そのタネをまいて育てた花からは毛のあるタネが生まれる。もともとニンジンのタネには毛がある。秋にできたタネがこぼれても、冬の寒さで枯れてしまうため、しばらく発芽を抑えるように毛が生えている。ただ家庭菜園などで植える場合は、植えたらすぐに芽が出てくれないと困るため、わざわざ毛を抜いて売っている。このように収穫したタネから芽が出ないのに、売っているタネだと芽が出やすい、というのには理由がある。

実り方

タネを密に蒔いて成長ごとに間引いていく。隣り合う株と支え合って生育が良くなる。

畑の様子

本来の旬は9〜12月だが、今では産地を変え（適した気候の場所で）一年中栽培されている。

ニンジンで実験してみよう

ヘタの部分を水につけて栽培してみよう

料理に使う時に切り落としたニンジンのヘタを水につけておくと、どんどん葉が伸びてくる。ダイコンやカブでも同じことができる。

ニンジンに似た植物

【セリ】

春の七草の一つ。根が水に浸るような場所を好む。田んぼの縁や、川の岸辺など、湿地に生える。

【ノラニンジン】

日本全土に分布している雑草。白色や薄ピンク色のニンジンのような花を咲かせる。

LOTUS ROOT

Nelumbo nucifera

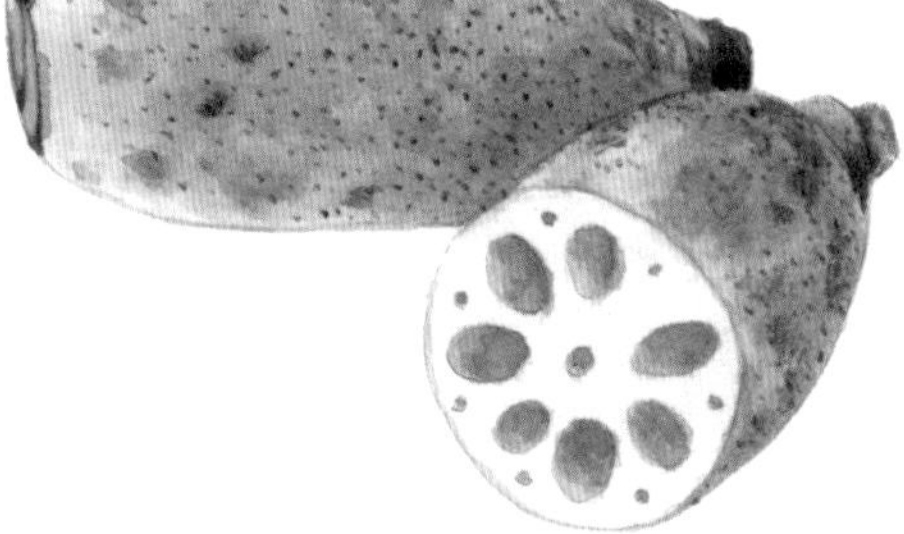

レンコン［蓮根］

ハス科

育てやすさ ◆◇◇

縁起のいい野菜の代表格

穴があいて先の見通しがいい
縁起物として、使われる野菜。
おせちや精進料理に欠かせない。
ただの野菜と呼ぶには忍びない
さまざまな不思議が詰まっている。

原産地：インド、中国など諸説あり
主な産地：茨城、佐賀、徳島
旬：10～2月
育て方：畳一畳分の大きさがあれば栽培可。粘土質の土に植え、日当りを良くする。
背丈：1～2m、生育適温：25～30℃
食べる部位：地下茎
別名：ハス、ハチス
花言葉：神聖、雄弁、清らかな心、休養

レンコンの穴は何のため？

レンコンは「蓮根」と書き、根菜類の一つとされているが、本当のところは根っこではなく、茎だ。あの穴は空気を通すための管。レンコンは池のような水を含んだ泥の中で育つ。でも水の中には酸素が少ないため、水の上に出ている葉の小さな穴から空気を取り込み、それをレンコンの穴を通じて全体に酸素を送っているのだ。レンコンは泥の中で横に伸び、その節のような場所から根っこが生えている。穴の数は真ん中に小さな穴があり、その周囲に大体9個ぐるりと並んでいる。

レンコンにまつわる神秘的な話

レンコンは化石が見つかるほど古代の植物。レンコンの花がどことなく不思議な雰囲気がするのもそのためだ。レンコンの花は花びらや雄しべ雌しべの数が多い。でも今の花はもっと効率よく、必要最低限なものだけに省略されていることが多い。植物にとって花は種を作り、子孫を残すためのもので、そこにあまりエネルギーを使ってもコスパが悪いという訳だ。レンコンの花が終わった後は、まるで蜂の巣のようなものが残り、そこに実がなる。千葉県の落合遺跡で2000年以上前のレンコンの実が芽を出し、花を咲かせたという驚きのニュースもあった。種が何年も眠ることはあっても、2000年とは神秘を感

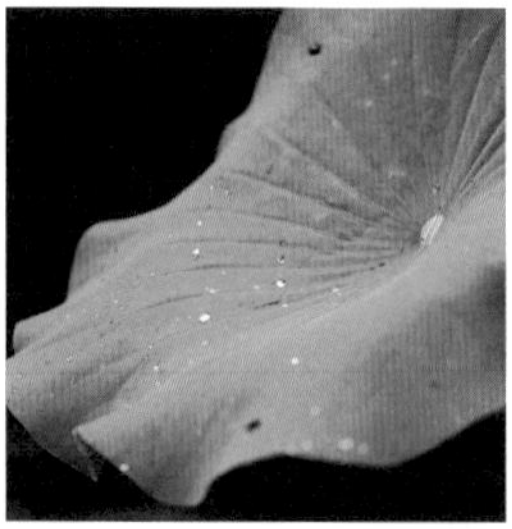

葉

地下茎が伸び、円形の葉が出る。水を弾く特殊な構造で、泥の中でも葉は汚れない。

タネ

花びらが落ちた後、蜂の巣のようなグリーンの花托が現れる。穴の中にあるものが実。

花

7〜8月に水面から高く花茎を伸ばし、直径30〜40cmの淡紅色から白色花を咲かせる。

じずにはいられない。

泥の中で育ち、泥に染まらず、美しい花を地上に咲かせる

レンコンは泥の中から茎を伸ばし、泥に汚れず、見事なキレイな花を咲かせる。早朝に開花し、夕方には閉じるが、2〜3日もすると閉じなくなって散る。人間の善と悪が混在したこの世を表すものとして、レンコンの花は仏教ではとても大切なものとされてきた。仏像はレンコンの花をモチーフにした蓮華座(れんげざ)という台座に座っている。レンコンの穴は見通しがいいと言われている。そんなありがたく、縁起のいい穴に、挽肉やらカラシやら詰めて食べているのが何だか忍びない。

実り方

葉は上に、泥の中で地下茎（レンコンとして食べている部分）が横にどんどん伸びていく。

畑の様子

レンコン畑では4〜5月ごろに種ハス（地下茎）を植え付ける。露地物の旬は11〜2月。

レンコンで実験してみよう

レンコンの穴の数を数えてみよう

本当にまわりに9個かな？たまに小さなものだと7個、大きなものだと11個の場合もあるそうだけど、ほとんどが9個。切る前に「穴の数は9個だ」と予言しても面白い。

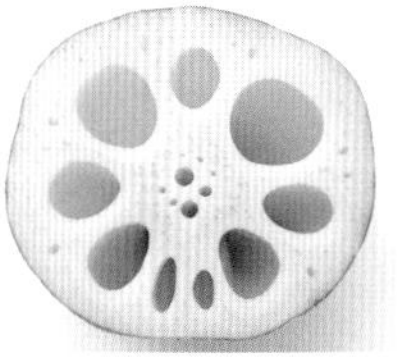

葉の上に水を乗せてみよう

もしレンコンの葉が手に入ったら、水を垂らしてみよう。雫が葉の上をつるつると踊るように揺れて面白い。

トマトに似た植物

【スイレン】

スイレンの花は水面の上で咲く。葉は光沢があり、大きく切れ込みが入っていて水の上に浮くように生えている。

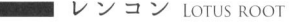

YAM

Dioscorea spp.

ヤマイモ［山芋］

ヤマノイモ科

育てやすさ ◆◇◇

あまりよく噛まないで食べる

食事はよく噛んで食べるように、と教わってきた。
食物繊維がたっぷりの野菜、ましてイモだ。
それなのにヤマイモに限っては、あまり噛まずに、
とろろにして、ご飯にぶっかけて
まるで飲み物のようにザーッと流し込む。
昔の日本人は余程忙しかったに違いない。

原産地：中国、日本
主な産地：北海道、青森（長野）
旬：11～12月
育て方：タネイモ、ムカゴを畑に植えて育てる。
背丈：2mくらい、生育適温：17～30℃
食べる部位：根
別名：ナガイモ、ヤマトイモ、自然薯
花言葉：恋のため息、悲しい思い出、治療、心の強さ

「ヤマイモ」はナガイモやジネンジョなどの総称

大抵、一般的には「ヤマイモ」と呼ばれているが、正式名はヤマノイモで、他にもナガイモ、ヤマトイモ、自然薯とも言われる。なんだか明確に種類分けされているようで、結構、その使い方はあやふやだ。日本原産の野菜でありながら、多くの日本人は名前の違いがよく分からない。元々は中国原産でナガイモ、ヤマトイモ、イチョウイモと栽培されているものと、山に自生している自然薯をヤマノイモと言っていたが、今では、すべて一般的には「ヤマイモ」と呼ぶことが多い。ただいずれも食べ方は似ていて、やはり定番の食べ方はすった「とろろ」だ。

山の中にいた頃の性質そのもの

ヤマイモは土の中の深い部分で長く伸びる。地上に出ている部分はツル性で周辺のものに巻き付いて伸びていく。山の中に生えるには、この生き方が役に立つ。地上に生えている部分は野生動物に齧られてしまう可能性が高い上に、日差しがどこに当たるか分からない。日差しを求めてニョロニョロと誰かに絡まって上へ、横へと伸びた方が得策。イモは地下深くで掘り返して食べるには大変だ。そうこうしているうちにイモからまたクローンを増やしていける。でも、どうやってヤマイモは範囲を広げていったのだろう。

葉

細長いハート形の葉をたくさんつけてぐんぐん育つ。ツル性で成長が早い。

タネ

花のタネには薄い膜のような翼があり風に乗って飛ぶ。それとは別にツルに小さなイモ「ムカゴ」が一枚の葉に1個ずつなる。

花

7〜8月。雌雄異株。雄花（写真）は高い位置に上向きに咲き花粉を風で飛ばし、雌花は花粉を受け止めやすいように下に垂れ下がる。

3段階の保険をかけた、やり手の戦略家

ヤマイモの見た目はパッとせず、地味で原始的で、田舎者という感じだ。ところがヤマイモはかなりのやり手で、生き残りの方法を3種類も用意している。先に述べたように、まずイモの切れ端から、自分の分身を増やす方法。万が一、齧られたり、折れても、わずかに残っていれば、そこでまたイモを増やすことができる。地上にはツルの先になるムカゴがある。これも小さな自分と同じクローン。ツルがほどけたり、タネのように地面に落ちても、そこから芽吹くことができる。その上、ヤマイモには雄株と雌株があり、風で飛んだ花粉で受粉した花からは翼のあるタネが遠くへ飛び立つ。このタネは他の個体と交配した子どもなので、親とは違った特性を持っている。親子で同じ場所で居場所を奪い合うよりも、子どもは遠くで活躍してもらった方がいい。

畑の様子

旬は11〜12月。栽培するにはそれなりの広さと深さのある畑が必要。保存したものが一年中出回る。

実り方

地下1mくらいの深さのところに細長く伸びたイモがなる。地上のムカゴも食べられる。

ヤマイモで実験してみよう

とろろを作ってみよう

すり鉢でとろろを擦って、とろろを作ってみよう。そのネバネバの威力に驚く。イモの種類で粘り気は異なる。

ヤマイモに似た植物

【オニドコロ】

自然薯と同じような場所に生える有毒植物。葉も花もよく似ているがイモから長く太めのヒゲが多く生え、秋になってもツルにムカゴができない。

SPINACH

Spinacia oleracea

ホウレンソウ［菠薐草］

ヒユ科

育てやすさ ◆◆◇

原産地：西アジア
主な産地：埼玉、群馬、千葉、茨城
旬：11～2月
育て方：プランタで栽培可能。日の当たる場所～半日陰で育てる。
背丈：20～30㎝、生育適温：15～20℃
食べる部位：葉
別名：ハリョウ、ハサイ
花言葉：活力、健康

野菜の中で鉄分が最も多い

ホウレンソウは鉄分が多く、
鉄分の吸収を助けるビタミンCも豊富。
カロテン、ビタミンB_1、ビタミンB_2、
葉酸、食物繊維も豊富。
大人的には、それで食べない理由ある？
と思うが、子ども的には、
なんか、そのへんに生えている草みたいだ。

子どもの「なんか草みたい」という感想は、案外、当たっている

ホウレンソウはヒユ科。ヒユ科って一体何？と思うだろう。この科に属するのは、ほぼ雑草ばかりだ。それに科こそ違うが、一見、タンポポの葉っぱにもよく似ている。ロゼットといって、冬に葉が広がり地面に貼り付いたように広がる感じも似ている。日頃、タンポポを摘む子どもには外でよく見慣れた感じの葉に見えるのかもしれない。

どうして野菜を食べなければならないのか？

ホウレンソウの話をすると年代がバレやすい。栄養たっぷりで、いくら体にいいからって食べたくないものは食べたくないと頑張る子どもに、「ホウレンソウを食べないと、ポパイみたいに強くなれないぞ」なんて言っても「ポパイ？ 誰、それ？」といわれるのが関の山だ。そもそも、どうして野菜を食べなければならないのか。ビタミンや鉄が必要ならサプリをとればいいし、野菜ジュースでもいい。もっといえば、人間が生きる上で必要な三大栄養素は、たんぱく質、脂質、炭水化物、と学校でも習っている。では、何故、野菜を食べないといけないか？その問いに一言で答えるなら「病気に強くなるから」だ。野菜

葉

東洋種は葉先が尖りギザギザ。西洋種は葉の幅が太めで丸みがある。

タネ

東洋種のタネは写真のようにトゲのように尖っている。西洋種のタネはほぼ丸い。

花

4〜6月。雌雄異株。雌花は細長い花柱が目立ち、雄花は丸みのあるツブツブで円錐状になる。

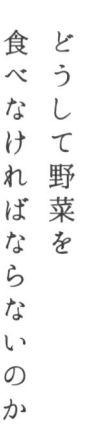

は日々、さまざまな菌やウィルスから侵略を受け、生き延びるために抵抗力をつけてきた。漢方薬のほとんどが植物からできているのはそのためだ。植物には体に刺激を与え、悪いものを体の外へ出すのを手伝う能力が高い。食物繊維が多いから腸の掃除をしてくれる。免疫を上げるにも、ストレスにも腸は大きく関わっている。

性別や生まれも区別しない

ホウレンソウには雄株と雌株がそれぞれある。それは案外、野菜では珍しい。多くの野菜は一つの株の中に雄と雌が混在している。そしてホウレンソウは和物と洋物も区別されず売られている。ちなみに葉が丸いのが西洋種、ギザギザしたのが東洋種だ。多分、区別しないのは、おひたしにしろソテーにしてしまえば、形なんて関係ないからだろう。

実り方

冬越ししたホウレンソウ。葉が開いてロゼット状に。こうして葉のダメージを減らす。

畑の様子

年中出回っているが本来の旬は12～2月。大抵、シートなどをかけて育てる。

ホウレンソウで実験してみよう

葉っぱを観察する

買ってきたホウレンソウが西洋か東洋か見分けてみよう。

ホウレンソウに似た植物

【小松菜】

同じく冬に旬の葉物野菜。ホウレンソウよりも茎が長い。アブラナ科。

【タンポポの葉】

花が咲くとまったく違うが、葉っぱだけ見比べれば、かなり似ている。実際、タンポポの葉は西洋では食べられている。

BROCCOLI

Brassica oleracea var. italica

ブロッコリー［緑花椰菜］

アブラナ科

育てやすさ ◆◆◇

原産地：地中海東部
主な産地：北海道、愛知、香川、埼玉
旬：11〜3月
育て方：プランタ栽培可能。日の当たる場所で苗から育てる。
背丈：70〜80㎝、生育適温：15〜20℃
食べる部位：花茎、蕾
別名：メハナヤサイ
花言葉：小さな幸せ

お弁当の緑を担うエース

お弁当に緑を足したい、
そんなためだけに買う人もいる野菜。
パセリは飾りで食べられないし、
ホウレンソウやピーマンは子どもが嫌いというし、
キャベツや枝豆では色が薄いし、
なんか収まりがよくて、マヨネーズをつければＯＫ。
使い勝手の良さで、定番野菜の仲間入り。

ブロッコリーはキャベツの一種

毎日お弁当を作る人にとっては、ブロッコリーといえばお弁当の緑担当だ。小さな房を切り落としてお弁当に。緑も濃くて、素早く火が通って、茹でると少し鮮やかな色になる。お弁当に入れた時の収まりが非常に良い。しかも苦くないせいか、子どもでも案外、食べてくれる。でもそんな食べやすいブロッコリーの先祖は食べにくいことで有名なケールだ。人間は長い歴史の中でケールを改良して、さまざまな野菜を作り出してきた。キャベツの元もケールだ。学名でいえばキャベツもブロッコリーも同じ「ブラシカ・オレラシア」。私たちにはまったく異なる野菜だが、ブロッコリーはキャベツと同じ種とされている。

どうしてツブツブしているのか？

ブロッコリーを虫メガネなどで拡大してみると、案外面白い。表面がツブツブしていて、なんだか不思議だ。その正体を知りたければ、数日、窓辺にでも置いてみると分かるだろう。ブロッコリーがうっすら黄色っぽくなってくる。緑が枯れて茶色くなろうとしているのではなく、それは小さな花が咲こうとしている時。キャベツの花が黄色いのは10ページで紹介したが、それと似たような黄色い花が咲く。ブロッコリーのツブツブの正体は、花のつぼみだ。同じアブラナ科でもキャベツは丸まった葉

葉

食べるブロッコリーは中央にあり、大きな葉で日光を受けて栄養を運んでいる。

タネ

細長いサヤの中に丸いタネが入っている。アブラナ科の他の野菜と似ている。

花

4〜5月。花の形は基本的にキャベツと同じだが、ブロッコリーは花数がもっと多い。

を食べるのに対して、ブロッコリーは花のつぼみを食べる。

兄弟のカリフラワーはアルビノ

ブロッコリーと似た形にカリフラワーがある。カリフラワーはブロッコリーの突然変異だ。たまたま白くアルビノになったブロッコリーをカリフラワーという品種にし、育てることにした。カリフラワーはヨーロッパやインド、中国などではよく食べられるが、日本ではブロッコリーほどには使われていない。それは日本独自のお弁当文化や彩りを気にする食文化に関係しているのかもしれない。しかもカリフラワーはつぼみが癒着してブロッコリーのようなツブツブは見えない。その野菜感のなさも、日本人にはイマイチ馴染めないのかもしれない。同じ親を持つ兄弟で、これほど食卓に並ぶ頻度の差が出るとは…。

畑の様子

旬は11〜2月。暖かいと花が咲いてしまうため、それ以外の季節は涼しい場所で栽培されている。

実り方

葉の内側の茎の先端に花のつぼみが集まって、それが次第に大きく育つ。

ブロッコリーで実験してみよう

DNAを取り出す実験

すり鉢ですりつぶした少量のブロッコリーに、水100ml、塩小さじ1.5、台所用洗剤小さじ1を混ぜた液体をスポイドで4回ほどかけて混ぜる。コーヒーフィルターで漉し、できた液体と同量のエタノールをたらすとブロッコリーのDNAが浮き出る。

ブロッコリーに似た植物

【カリフラワー】

ブロッコリーのアルビノ。元は同じ野菜なので葉や花は同じ特徴。

【ロマネスコ】

カリフワラーの一種。独特の尖った形のつぼみが特徴。

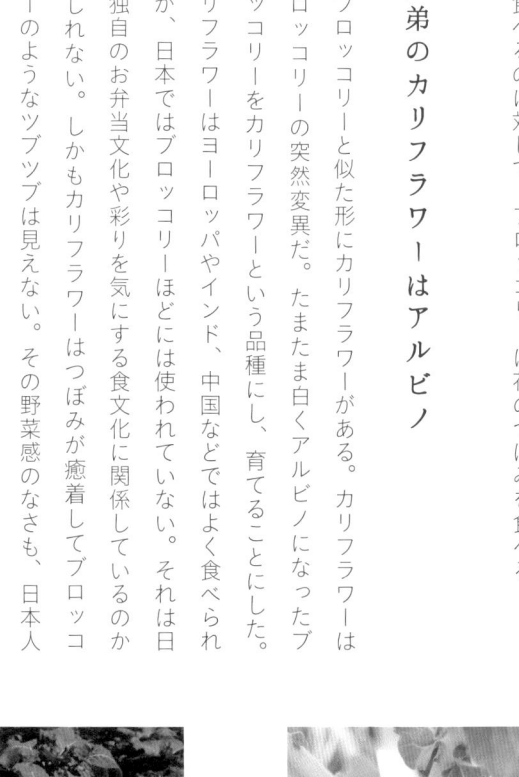

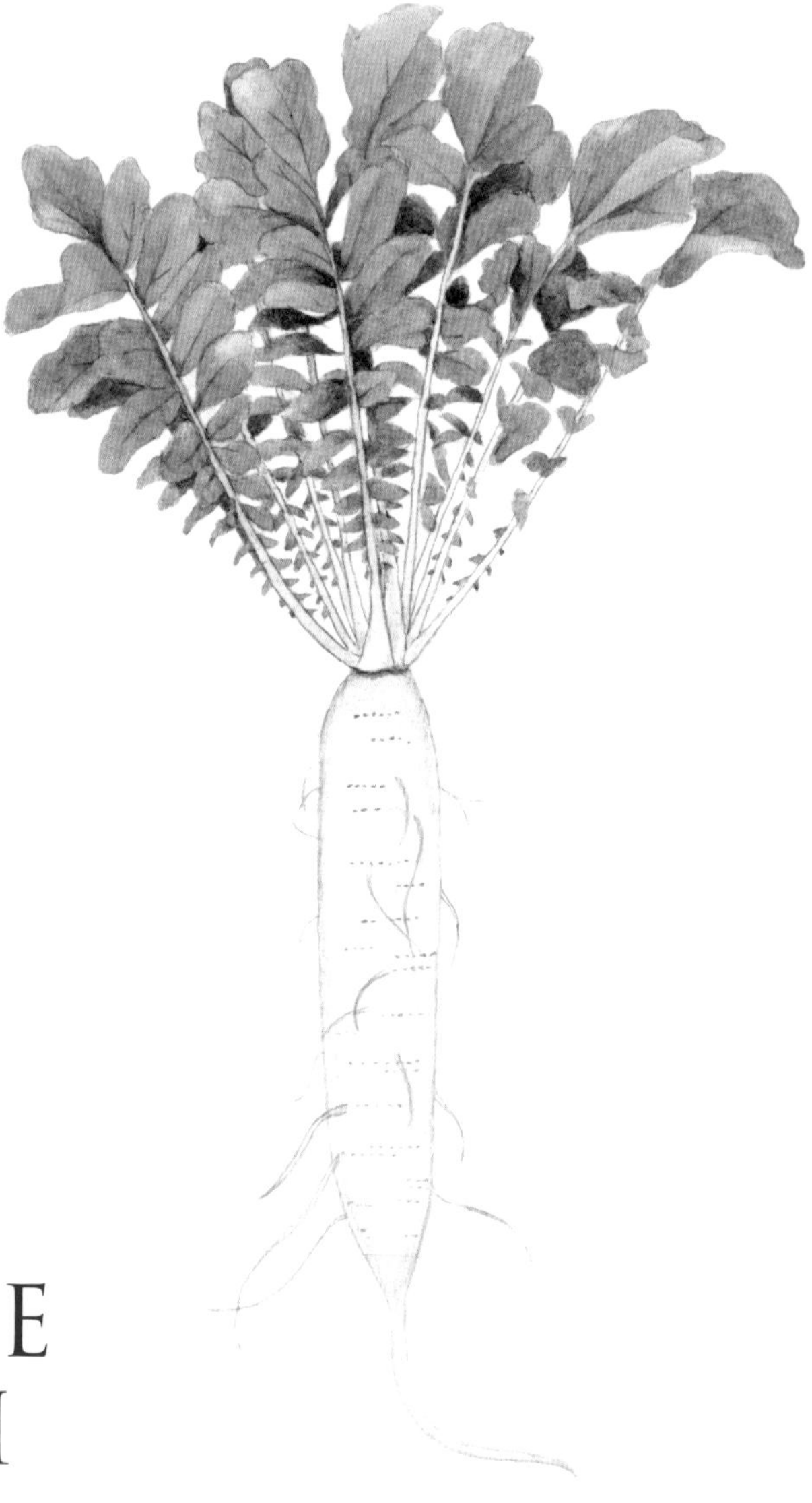

JAPANESE RADISH

Raphanus sativus var. hortensis

ダイコン［大根］

アブラナ科

育てやすさ ◆◆◆

世界最古の野菜の一つ

太い足のことを「大根足」なんてからかったり、春の七草、すずしろ、として親しまれているせいか、ダイコンはなんとなく日本のもの、というイメージがある。
でもダイコンは古代エジプトでも栽培されていた世界最古の野菜の一つだ。

原産地：地中海沿岸、中央アジアなど諸説
主な産地：北海道、千葉、青森
旬：12～2月
育て方：日の当たる畑で、タネから育てる。プランタの場合は大型で深めのものを使えば栽培可能。
背丈：30㎝くらい、生育適温：15～20℃
食べる部位：芽、葉、茎、根
別名：スズシロ
花言葉：潔白、適応力

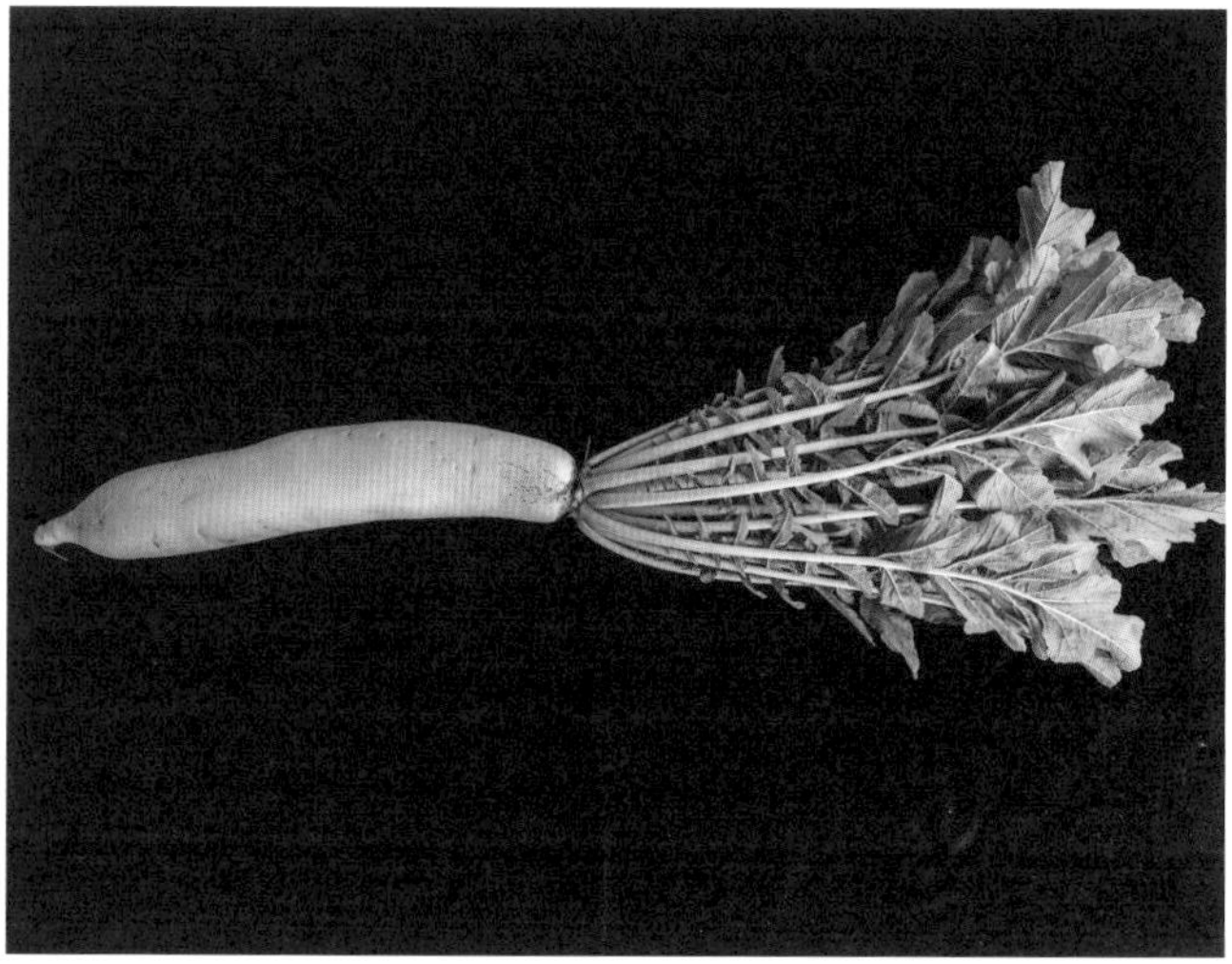

日本で大ブレイクした野菜

ダイコンといえば、ブリ大根や焼き魚の横に添える大根おろし、切り干し大根など和食のイメージがとても強い。でも日本から遠く離れた地中海沿岸生まれの野菜だ。この本を読んでそろそろ気づいている人もいるかもしれないが、野菜に日本原産のものはほとんどない。ダイコン、ネギ、ナス、キュウリ、レンコンなど、いかにも日本っぽい野菜もすべて外国生まれ。日本人しか食べないゴボウでさえ、外国から渡ってきたものだ。では大昔の日本人は何を食べて食物繊維をとっていたかといえば、セリ、ミツバ、フキ、ウド、ワサビなどの山菜が中心。今では外国から来た野菜を中心に私たちは食べているが、ダイコンは日本で独自の進化をした。ヨーロッパの大根はラディッシュのような小さいものが多いが、日本で多様化され、世界一重い「桜島大根」や世界一長い「守口大根」もある。ダイコンは和食によく合い、日本で大ブレイクしたのだ。

芽から葉も、根っこもすべて食べ尽くす

かいわれ大根は、大根の赤ちゃんだ。タネから育てた際に芽生えたばかりの双葉。あの細長い部分がダイコンに育つなんてなかなか信じ難い。ダイコンは名の通り、大きな根。でもダイコンもネギと一緒で上の方が少し緑色をしているのが分かるだ

花

4〜5月。花びらは4枚で、直径2cmほどの十字型。花色は淡い紫色から白色。

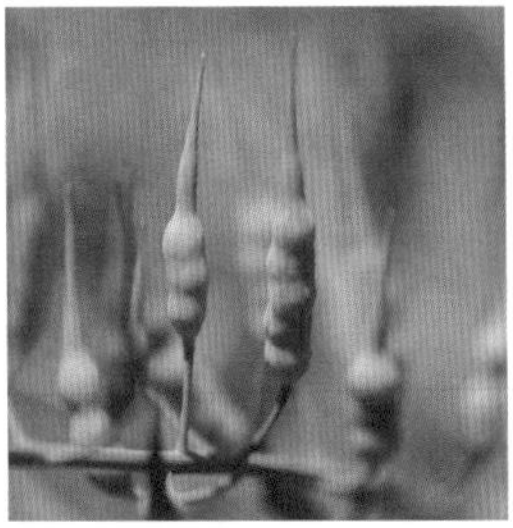

タネ

花の後、果実ができ、1つのサヤに4〜5粒のタネが入っている。アブラナ科としてはサヤのくびれが大きい。

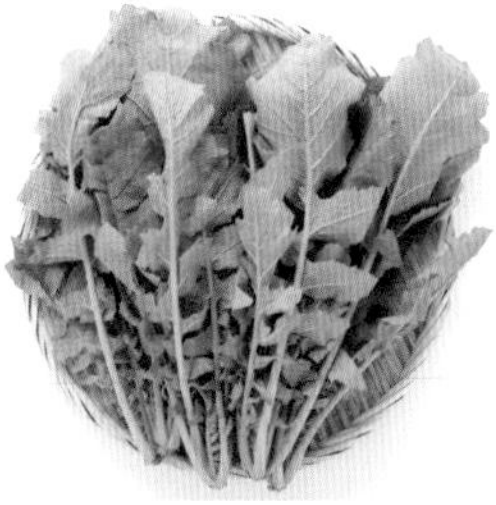

葉

大きく伸び、ギザギザして柔らかい。葉も刻んで食べられる。

ろうか。土から上に出ている部分があり、そこが緑色になっている。ダイコンは根っこと茎が一体になっている。葉も刻んで食べるのだから、すべて余すことなく食べているという訳だ。

ダイコンの例えは悪いイメージが多いが…

ヘタクソな俳優のことを「大根役者」という。江戸時代、ダイコンは消化が良いので「めったに当たらない」ということから、売れない役者を揶揄したそうだ。ただそのくらい胃腸に優しい食べ物として庶民に愛されている証拠だ。ダイコンは白いのが特徴ゆえに、古事記ではダイコンを色白のキレイな女性の腕に例えている。アブラナ科の野菜の花は大抵、黄色いのに対して、ダイコンの花も白い。もし「大根足」と言われたら、「ありがとう」と笑顔で返してみるのもいいかもしれない。

畑の様子

少しだけ土の上に顔を出す。畑はよく耕さないと、ダイコンの根が伸びる途中で枝分かれする。

実り方

芽吹きの頃。これがカイワレダイコン。ここから大きなダイコンに育っていく。

ダイコンで実験してみよう

カイワレダイコンを育ててみよう

スーパーマーケットで売られているカイワレダイコンを育ててみたらどうなるかな?新芽を食べるために品種改良が重ねられているので、大きくは育たないが、小ぶりのダイコンが育つ。

ダイコンに似た植物

【カブ】

畑になっている姿はよく似ているが、カブの花は黄色。また形も丸い。

TURNIP

Brassica rapa var. glabra

カブ ［蕪］

アブラナ科

育てやすさ ◆◆◆

ダイコンとは全然違う

一見すると、小さなダイコン。
でも、その花も、食べている場所も違う。
よくよく味わってみれば、
結構、味も違うのに、なんだか
ダイコンの一種のように思われがち。
少し不憫な野菜だ。

原産地：アフガニスタン
主な産地：千葉、埼玉
旬：11～1月
育て方：日の当たる畑で、タネから育てる。プランタの場合は大型で深めのものを使えば栽培可能。
背丈：30㎝くらい、生育適温：15～20℃
食べる部位：葉、胚軸
別名：カブラ、スズナ
花言葉：慈愛

案外、あっさり簡単に抜ける？

カブで有名な物語がある。「おおきなかぶ」を読んだことのある人は多いだろう。最初はおじいさんとおばあさんが、カブを引き抜こうとするが、なかなか抜けず、どんどん手伝う人が増えて、最後には動物まで…という話だ。そのイメージや、カブの丸々と太った姿から、なんとなく土の中から引き抜くのが大変、と思われている。でも実際にはカブを引き抜くのは簡単だ。何故なら、カブの丸い部分は土の上にほとんど出ているのだから。カブといえば、土の中に埋まったイメージなだけに、畑での丸出しの姿はちょっと意外だ。

カブの食べている部分は根じゃなかった

カブはよく、ダイコンと間違えられる。似たような葉っぱで、太くて長いのがダイコン。丸いのがカブ。なんとなくサイズや食卓に並ぶ頻度のせいか、カブはダイコンの弟分のように思われがちだ。でも、実際には歴史はカブの方が長く、カブの方が先輩。そして決定的に違うのが食べている部分だ。ダイコンはほとんど土の中に埋まっている根の部分を食べているが、カブは胚軸という茎のような部分を食べている。あの丸い部分は土の上に出ていて、土の中にあるのは、ヒョロヒョロと細長い根っ

花

3〜5月。黄色い４枚の花びら。まさに菜の花そのもので見分けがつかないほど。

タネ

菜の花と同じで、花が終わった後、その場所にサヤができて中に小さなタネが並ぶ。

葉

葉のふちが少しギザギザとしている。柔らかく食べやすい。

こだけだ。だから引っ張れば、すぐに抜ける。ダイコンよりもタネから収穫までの期間が早い。生で食べ比べてみれば分かるが、カブの方が甘みがあり密度が詰まっていて滑らかだ。また花の色も違う。ダイコンは白だが、カブは菜の花そっくりな黄色だ。

カブの伝来ミステリー

関東は白ネギ、関西は青ネギを食べるように、日本の中でも、東と西では食文化が違う。カブの場合、東と西では品種・系統が違うといわれている。中国を経て渡来した「アジア型」のカブは、主に西日本で栽培されている。「ヨーロッパ型」のカブは、東日本で栽培されている。でもこのヨーロッパ型のカブは中国には存在しない。古い時代にシベリア経由で来たのではないかと推測されているが定かではなく、ちょっとしたミステリーとなっている。

畑の様子

小カブであればプランタでも充分に収穫できる。簡単なので家庭菜園向きだ。

実り方

土の上にほとんど姿をあらわしている。細かった胚軸という部分が太る。

カブで実験してみよう

カブの浅漬けを作る

カブを細切りにしたら（葉も少し入れる）ポリ袋に入れて、そこに酢大さじ2、砂糖小さじ2、塩小さじ1を入れて、軽く揉めば浅漬けの完成。15分後には食べられる。

カブに似た植物

【コールラビ】

同じアブラナ科の野菜。食べる部分からも葉が出て、カブより硬い。

【ラディッシュ】

小さな赤かぶのような見た目だが、本当はダイコンの仲間。辛みが強い。

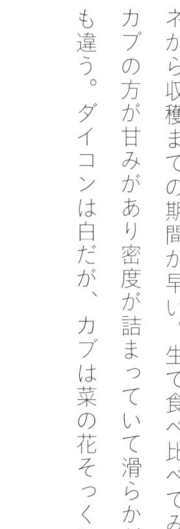

GARLAND CHRYSANTHEMUM

Glebionis coronaria

シュンギク［春菊］

キク科

育てやすさ ◆◆◆

苦みが個性的な菊の葉っぱ

シュンギクは好き嫌いが分かれる野菜。
鍋には必ず入れたい！という人もいれば、
苦みが出るから絶対に入れないでほしい！
という人もいる。
シュンギクは、独特のえぐみが特徴。
でも、苦味をなくしたら買う人はいないだろう。

原産地：地中海沿岸
主な産地：千葉、大阪、茨城
旬：11〜2月
育て方：プランタ栽培可能。タネから育てる。栽培初心者でも育てられる。
背丈：30cm、生育適温：15〜20℃
食べる部位：葉
別名：キクナ
花言葉：とっておき、豊富

「春菊」と書くのに、冬野菜なのは何故？

シュンギクは「春菊」と書くように、春に菊が咲く。ほとんどの植物は花を咲かせて虫を呼び、タネをつけるのが目的だ。花を咲かせるのには相当なエネルギーが消耗されるため、他の部分は枯れたり、味が悪くなったりするものだ。シュンギクもそれと同じで、春に菊が咲く頃には、葉は硬く味が悪くて食べられない。花が咲くその前の冬に葉と茎を収穫するから、シュンギクは冬野菜なのだ。

ほかの菊も食べられる？

シュンギクを食べるのは主に日本や中国、韓国など東アジア。他の国では観賞用として育てられている。咲く花は売っている菊と何ら変わりないレベルの愛らしさだ。日本ではお刺身の上などに菊の花が乗っていることがあるが、菊の花は食用に栽培されることがある。ただ普通の菊の花は有毒である場合もあるので、いくら花が似ていても要注意だ。

小さな花を一つに見せる大作戦

春菊の花は、よく見ると小さな花が集まってできている。花びらはあくまでも目立たせるサインで、中にある黄色い部分も

葉

ギザギザの葉っぱの形が特徴。葉の裏側は葉脈が浮き立って、手触りはザラッとしている。

タネ

小さな花に一粒ずつタネができる。シュンギク1株から何百ものタネが生まれる。

花

4〜5月。ガーベラを小ぶりにしたような可愛い花が咲く。黄色一色とツートンカラーがある。

小さな花の集合体。こういった仕組みを持つ花は身近に多い。例えばコスモスやヒマワリも一つの花に見えて、真ん中の部分も花の集合体。ヒマワリなどのタネが真ん中にビッシリできるのはその証。キク科の花は花の中でも最も進化した形と言われている。ちなみにタンポポなど綿毛が1本ずつタネを連れて飛んでいくのもそうだ。茎から1つの花が咲いているように見えても、本当は小さな花がギュッと集まって1つの大きな花に見せている。なぜそんなことをするのかといえば、その方が長く虫を呼べるからだ。オクラのように大きな花を咲かせるのはエネルギーもいる上に、長く咲かせていることが難しい。でも小さな花をたくさん咲かせれば時間差で咲いたり枯れたりできて、花全体の価値を長持ちさせられる。花がたくさんあれば、それだけタネもたくさんつけられる。それだけ自分の子孫を残せるチャンスも増える訳だ。外来植物で今、問題になっている種にキク科の植物が多いのも、この小さな花を咲かせる作戦が成功しているからなのだ。

実り方

まだ生え立ての新しい葉。シュンギクは葉を摘み取る場合と、株の根ごと抜く場合がある。

畑の様子

旬は12月から4月まで。害虫（アブラムシ、ハモグリバエなど）がつきやすいのでカバーして育てる。

シュンギクで実験してみよう

葉っぱの形を描いてみる

シュンギクはお手本のような葉っぱの形。絵を描いてみたり、紙を半分にして切って形を作ってみると、葉の形が上手に再現できるようになる。陶芸などの際の絵のモチーフにしても可愛い。

シュンギクに似た植物

【マーガレット】

観賞用のキク科の花。和名で「モクシュンギク(木春菊)」というのは、花や葉が春菊に似ていて、一部木化するため。

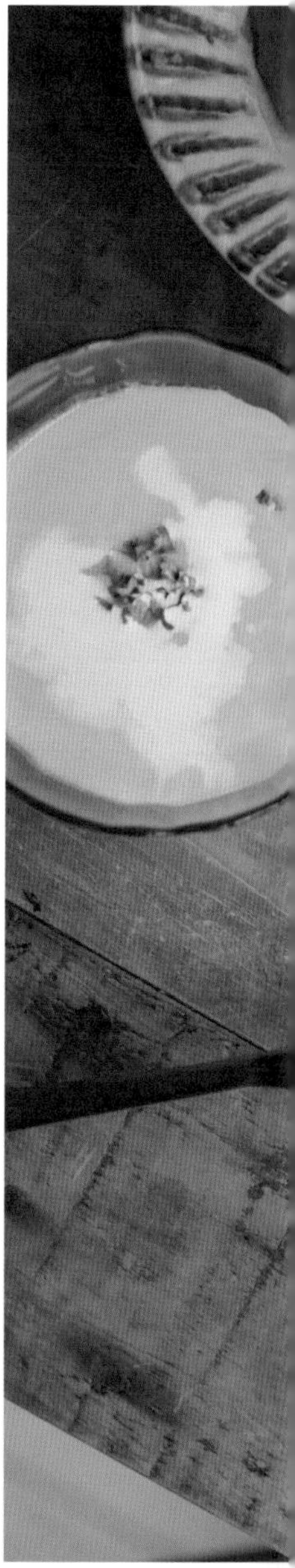

どうして野菜を食べるのか？

最近はサプリメントや野菜ジュースなど、たくさんの商品が出回っています。まるで生の野菜は食べなくてもいい、そんな雰囲気です。それでもどうして野菜を食べる必要があるのでしょう？ 本編にも書きましたが、私たちの生命維持に必要な栄養素は、たんぱく質、脂質、炭水化物の3つです。たんぱく質は肉や魚、脂質は油、炭水化物はご飯やパンなど。自動車に例えてみると、たんぱく質は車の部品だとして、炭水化物や脂質はエンジンのようなもの。確かにそれで車は走ることができます。でも、エンジンの調子が悪くならないためのものや、バッテリー、冷却器など、さまざまなものが必要になります。野菜は体を作る食物ではないですが、血液の流れをよくしたり、胃腸の調子を整えたりと、体の調子を崩さないために必要なものなのです。それも噛んで食べることがとても重要なのです。

私たちの先祖のサルは野菜を食べていませんでした。まだネズミやキツネのような顔をしたサルです。この頃はまだ夜行性で昆虫を食べていました。森林が広がり、サルたちは敵に襲われにくい森の奥深くで活動するようになり、木の上で木の実や果実を食べるようになりました。ところが果実ばかり食べていたサルが体内でビタミンCを作らない体に変化しました。そしてやがて私たち人間の祖先が生まれ、木の根や葉を食べるようになり、二足歩行になり、道具を使うようになったと言われています。

野菜ジュースも体にはいいのですが、糖分もたくさん入っています。またサプリメントでは食物からでは摂れない量のビタミンなどが入っていて、多すぎるのもまた問題です。人は噛むということで精神が安定したり、脳や内臓が活発に動きます。だから人間は野菜を食べるのです。

おわりに

よく昔のキュウリやトマトが食べたい、という人がいます。また最近の野菜は味が変わった、という人がいます。それは本当でしょうか？

実際に今と昔では、野菜の味はかなり変わっています。

分かりやすい例でいえば、キュウリとトマトです。キュウリから自然と出るブルームという白い液体が農薬と勘違いされ、ブルームが出ないように改良されたために、キュウリの味が落ちてしまいました。

最近のトマトはどれも赤く、信じられないくらい食べやすく、甘くなっています。フルーツトマトの中にはフルーツよりも糖度の高いものもあり、スーパーマーケットなどでも、糖度を競うように記していたりもします。甘い方がよく売れる、高く売れる、となれば、農家はみんな甘さにこだわるでしょう。だから昔のような青くさいトマトはあまり売っていません。

でも本当に野菜に「甘さ」を求めるのがいいのでしょうか。フルーツみたいに甘い方が良いならフルーツを食べればいいし、調理中に砂糖を入れてもいい訳なのですが、何故か「苦さ」や「酸っぱさ」などは評価

の対象にならず、今は「甘さ」だけが評価されています。

甘くする、ということは、その野菜本来の苦さや酸っぱさを目立たなくする、ということ。本来、いろんな栄養や味を獲得するために野菜を摂っているはずが、野菜がみんなどれも甘くなったら、どの野菜も同じような味になってしまいます。

話は少しそれますが、最近の教育にも似たことを感じます。「数学」や「国語」など、いわゆるテストに出てくる教科ができる、テストの点数のいい子ばかりが評価される仕組みです。体育や音楽や図工が得意でも、同じように評価される社会になってほしい。同じように野菜も、甘さの評価ばかりでなく、苦さや、酸っぱさがもっと評価されてもいいと思います。それがその野菜の個性です。勉強ができる人間ばかりいても、社会は回りません。デコボコ、いろんなことが得意な人間がいるから、自分にないものを求め、お互いに助け合えるのです。

「昔のトマトの方がおいしかった」というのは、そのまだ青さが残った、エグミも含めてのこと。確かに今、あの味を食べるととても新鮮に感じます。人間も甘いだけの人間より、ちょっとエグミや複雑さがあった方が、どこか奥行きや面白さがあると思いませんか？

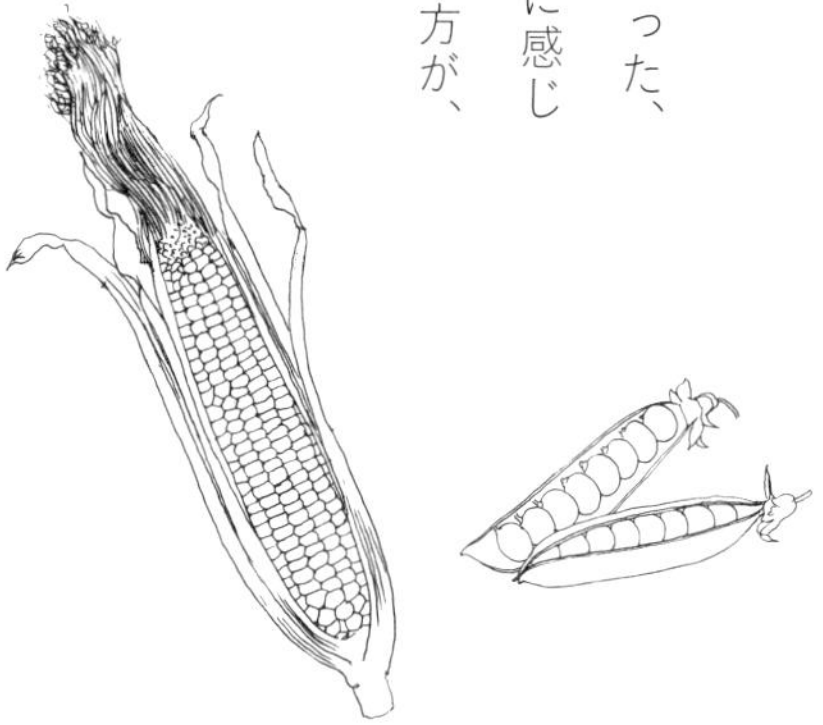

[監　修] 稲垣栄洋
[　絵　] 三反栄治

[編　集] 山下有子
[デザイン] 山本弥生
[写　真] 近藤ゆきえ

子どもと一緒に覚えたい 野菜の名前

2023年 4月15日 第1刷発行

発 行 人　山下有子

発　　行　有限会社マイルスタッフ
〒420-0865 静岡県静岡市葵区東草深町22-5 2F
TEL:054-248-4202

発　　売　株式会社インプレス
〒101-0051 東京都千代田区神田神保町一丁目105番地

印刷・製本　株式会社シナノパブリッシングプレス

乱丁本・落丁本などの問い合わせ先
FAX:03-6837-5023　service@impress.co.jp
※古書店で購入されたものについてはお取り替えできません。

 ISBN978-4-295-40828-4　C0045